Treasures for Scholars Worldwide

南洋文庫

·文獻·

厦門大學東南亞研究中心／南洋研究院 編

閩人墓誌拓本集

(下)

陳盛明 輯録

广西师范大学出版社
GUANGXI NORMAL UNIVERSITY PRESS
·桂林·

目録

第三册

第四册

第三册

閩人志銘拓本集 三
160

皇清敕授徵仕郎候選府經歷廳　誥封奉政大夫五品銜中書

科中書增貢生虔堂傅先生墓志銘

虔堂傅先生怛化之越年其孤狀父行來丐銘嗟乎哲人已萎淚灑葭莩何忍以文之樸陋辭乎按先生諱炳鉞字守伯別號虔堂先世由鄭入閩為南安著族曾祖茂芳公　授登仕郎祖德孝公　贈通奉大夫父玉麟公　贈文林郎通奉大夫母王太夫人舉克家子六先生其次也素純謹孝友性成弱冠抱知名精熟十三經註疏及子史百家言所治文深純醞釀探胥鑿險縋幽心得時輒與伯兄廣文君季弟內史君共欣賞之小試每拔前茅歲庚申始以郡試第一受長沙徐侍郎知充學官弟子七戰棘闈薦之簾備之堂皆左於命而屢躓卒由明經報効得府經歷職銜自是絕意科舉乃設帳授生徒課以農田兵禮有用書不規規向貼括

家計生活受其業如傳菊生劉梅汀輩皆卓然成偉器焉黄酉山
大令校同邑士下榻相迎倚為金鑑先生憑文去取精心獨運未
嘗稍徇私情居恆和易近人微直朋友輩相過從旨若醅醪令人
心醉即兒孫曹所交者亦與團聚一爐談古今人遺媺繼以詩古
文辭娓娓不倦性好施與有以喪葬冠婚事求佽者則出牀頭金
贈之無難色垂老時偕其弟内史司馬二君晨夕聚懽雍容揖讓
藹藹然有姜卜遺風年晉古稀青衿三世繞砌者悉屬翹材天殆
將留矍鑠翁躋奇齡晚後昆濟美以飫人間榮耀詎意去年臘月
竟騎箕而逝惜哉先生生道光甲申年十二月廿七日戌時卒光
緒癸巳年十二月初九日寅時享壽七十以長子貴 封奉政大
夫娶黄繼娶楊子四藻上舍生中書科中書加五品銜藩邑庠生
范貢生蓤業儒女六適黄王黄黄陳黄男孫五霖邑庠生霭霱霆

雯女孫二曾孫振其如配俱名族今以既卒之明年十二月十八
日卜葬首邑東門外萊山鄉之原穴負酉揖卯兼庚甲分金丁酉
丁卯銘曰
其德臧其體康其年之斥享長竟以無疾而歸於大漠之邦兮哉
如公五福備嘗名雖蘊而未彰必有餘慶俾爾子孫昌以發者至
德之光嗚呼此其藏
賜進士出身奉直大夫刑部主事浙江清吏司行走加三級姻眷
愚弟黃搏扶頓首拜撰文
賜進士出身文林郎內閣中書掌教雙溪書院受業族姪國英頓
首拜篆蓋并書丹
孤哀子范藻藩淩率孫曾等泣血勒石
石室居刊

清誥授朝議大夫

[illegible]夋王公墓志銘

賜進士出身　敕授文林郎内閣中書舍人門下生

吳增頓首拜撰并篆蓋書丹

清授朝議大夫員外郎銜刑部主事耐叟王公墓誌銘
先生諱登瀛字瀞門號耐叟姓王氏世居南安二十二
都格後鄉曾祖諱奕祿祖諱世政考諱維嶽其徙居郡
城西之萬厚鋪者自世政公始家貧以磨麪爲業有子
六人維嶽叙四習弓馬官校尉年三十二歿時先生年
九歲有弟曰者香僅四歲耳偕母太恭人李氏依其伯
叔父以爲生煢煢在疚勵志於學年十九受知於江右

李小湖學使入邑庠是後歲科試均列優等越六年爲
咸豐辛酉歲楚南徐公壽衡督閩學按試武榮舉拔貢
生維時赭寇不靖未與廷試甲子東渡乙丑爲李太恭
人請旌於朝戊辰補行朝考得選兩試皆第一以七品
小京官用籤分刑部浙江司行走是歲假歸越歲再北
上道出津門先就閩粵會館之聘後入都供職俸滿題
陞主事加員外郎派充宗人府會審官秋審處分校始

終十稔乙亥假歸丙子應鄉試竟落副車自是名心一
淡抵里後掌教浯江舫山鯤南各書院丁丑再行北上
就申江泉漳會館兼四明八閩會館兩席踰兩載以事
繁告退癸未丁母憂值法人搆難沿海戒嚴鄉衮林歐
齋先生爲團練大臣奏派龔詠樵黃霽川兩太史及先
生三人總辦漳泉團練事平得獎著俟補缺後以應陞
之缺陞用先換四品頂戴賞戴藍翎而長子伯綸膺選

拔弟之子向甫遊庠旋食餼一時文名籍甚爭謂兄君
弟並譽上驤瞬息萬里矣先生則謂天之與我厚寔心
行善為人排難鮮紛倡脩南邑文廟捐題豐州書院膏
伙興水利脩祖祠凡有義舉靡役不從嗣而向甫兄弟
先後病歿親知咸為慨歎以為天不勝數：能勝天先
生終援天勝之說以自信操守彌篤而為善彌力國變
後杜門寂坐絶口不談事務間或寄情於詩則愴懷身

世一篇之中三致意焉夫所謂天者冥冥然隔絶於人
甚遠報施之理甚可深恃耶先生獨舉天下萬事萬物
為常為變一歸之於天而決然深信而不疑倘所謂知
天耶無往不復天必有大快先生之一日跂予望之矣
生道光丁酉年七月廿二日辰時卒民國八年己未閏
七月廿六日亥時春秋八十有三配氏廖　誥封恭人
先期歿葬南安卅三都金坑和鋪鄉壟頭山之麓側室

吳氏子三長恩覃殁光緒乙酉科拔貢娶楊繼娶莊次
恩第殁娶黃自廖出三恩籌娶尤繼娶蔡自吳出女二
長適歲貢生莊諱善堯次適舉人楊名家棟孫三長行
緒次茂緒自恩覃出三豐緒適楊氏女之子承繼恩籌
者也女孫五長適杜次適施三未字殁四適蔡五適尤
將以殁之次年二月初八日合葬於廖恭人之兆穴坐
甲向庚兼卯酉分金庚寅庚申銘之曰

時之可行也而或窒之業之可繼也而或阨之嗚呼先

生抱志不遂如此蘊之蓄之天或将以昌大其孫子

茂緒

不孝孫哀子王恩壽洎孫衍緒仝泣血勒石

豐緒

石室仿刻

清福清縣學
教諭省齋吳
先生墓誌銘

清福清縣學教諭省齋吳先生墓誌銘

南安吳　增撰文

晉江陳　蓁篆蓋

晉江吳鍾善書丹

增年二十即聞同邑省齋先生品學爲我宗冣後二年先生舉於鄉始得讀其文爲低徊者久之又二十年同應邑侯馬叔文之聘相與晨夕豐州校舍獲親其言論丰采由是益歎先生涵養之深氣量之宏爲

尤卓然不可及也先生性孝友少孤弱冠徒步至仙
游負兄俊墉遺骸歸葬往還數百里得咯血疾憊甚
恐貽母夫人憂力求養生之術日益强健光緒壬申
以諸生食餼癸未學使者仲梓馮公按臨吾郡再試
再冠其曹遂以優行咨部乙酉會考高等丙戌朝考
以教職用維時先生文名籍甚臺灣有黄姓者遂於
戊子之歲敦請東渡為家塾師生徒經其指授多成
業發名己丑歸應本省鄉試中式第九名閩中文雄

深雅健傳誦一時楷法洞精善用柔毫濃墨奇采煥
發庚寅計偕北上有以鼎甲自命者見先生所寫策
卷廢然氣沮屢上春官艱於一第其後嘗署福清縣
學教諭期年而士望大洽家居好臨古帖晚年極其
灑落尤有蘇黄筆外意達於事理為人言喜往復即
尤桀驁者常内愧而自戢癸丑溪尾鹽局滋事慘遭
焚殺當道調兵剿辦居民惴惴恐株累逃竄山谷間
齎肯者至數千家先生盡然傷之冒險居間為民請

命在事累月而獨解黄龍本族歸萬人邑轄境凡四
十有六都數十年中事無巨細必踵門求直得其一
言嚴於公庭無不悅服而去利人之事無不為為之
無不力嘗引金溪上游之水灌溉萬石陂旁田數百
頃築鷓溪陡門以備水旱秀才隄再齧於水再繕完
之錦溪馬坪諸山浮瘞纍積暴露瀰漫募諸遠近而
封樹之必虔必固近歲籌辦汽車公路當事者議填
築尾田越山而過先生爭之力乃就隄改築沿溪而

上居民宅壟保全無算病時適有拂抑之事前歿一
日增往候之先生從容言曰士當順時安命耳嗚呼
可以知所養矣先生南安人吳氏諱拱震字庠秋省
齋其別號兄弟二人叙二先世自黃龍徙居西坡鄉
曾祖諱金國學生祖諱懋修邑廩生父諱肇昌生咸
豐丙辰年正月廿六日歿民國十三年五月廿日春
秋七十有一配曾孺人惠安拔貢生諱作楫次女邑
廩生諱湖胞妹拔貢君世通經學父子能默誦十三

經注疏孺人生長儒家動有禮則歿於是年十月廿
九日春秋六十有九子男四人世瓚郡優廩生世珪
均先歿世琅邑庠生後先生數月歿世琮女三長適
陳次適蔡三歿孫十二人自世瓚出者家駰家駓家
驅出後世珪家騏歿自世琅出者家駿出後世珪歿
家騂家驃歿家驄家[illegible]家騮自世琮出者家騄出後
世珪家驎家駒家馳家驅女孫二人曾孫五人端榮
端朮端端派端衍端田曾女孫七人以歿之年十一月

初七日合葬本都田厝山之麓穴坐乙向辛兼卯酉

銘曰

翠屏山下有一儒成均作貢翔皇衢訓士學宮勵廉
隅掇取青紫真區區半駕而蹶天乎吁醨學茂實非
濶迂為政於鄉望允孚抹灾排難忘勤劬伐其強梗
枯者蘇嶢嶢不缺皦不汙世故練達道味腴歿而社
祭斯其徒流風餘思長不渝

清誥授中憲
君墓志銘
晉江黃摶扶篆蓋

清誥授中憲大夫紫亭李君墓志銘

世情好異薄古訓為不足灋縱欲無等損豪末之利
人而不為有損於人而可以得毫末之利則為之甚
或抵死爭之此世變之所以亟而莫之救也我李
君紫亭讀書不多洞肰無城府獨能尊尚先型儉以
蓄德不為流俗之為是難能也性剛耐苦舊有商業
在荷屬之吧達維亞年十餘父廷芬公挈之往既長

精勤過人化居之息恆數倍積十餘年復增設一營
業所曰德和以擴充其物力資本益厚商信用大著
光緒季年陳弢庵先生創辦漳廈鐵路到吧募股初
財認者絕少君聞之力為四出吹噓一時投資者遂
多至鉅萬蓋君於弢庵召鄉先生重之而吧之人則
以君之言重之也在吧既業歲時輒歸省經理田
畝課畊復延名師課讀為久遠計彝何其三弟功麟

以縣學生食餼親兄功炳亦為縣學生稼穡詩書[illegible]
各肯業於耆舉家大小百人彼此懽洽無間尤為遠
近所稱歎晚年避亂泉城居數歲復避厦出鼓浪嶼
屣轉播遷迄無寧宇而生計亦頗不如前於是力行
儉德為公益慈善事業泉之府學文廟規模宏麗歷
年既久大成殿梁柱脊漏蛀損傾欹之度在二尺外
歲丙寅當道委畀募脩余謀出君則慨肰曰勸捐為

第一難事處此時局為此等事則變難矣雖肰及今

不治勢且傾塌後欲為之雖靡數十萬亦未易恢復

舊觀無已請獸力任此肰須當道不相干涉乃可議

既定遲之數月迺鳩工庀材越明年而告竣於廟溝

上復築石墻繞之以清廟址計費銀七千其兩廡及

他部已軍事阻礙略為補苴罅漏復別儲鉅三千為

將來續脩此用意深遠矣是殿得以巋然至今存者

君之力也素尚儒亦頗信釋氏因果之說凡振荒救
災捐助養老慈兒中小學校脩築橋梁道路隄圩祠
宇以及捨藥施櫬諸善事多以千計少亦百計特為
善不近名畏人知而人亦莫之知徒見其勤無暇晷
儉無靡物終日嗃嗃以汰侈詰責其家人疑其纖嗇
太過而不知君於義所當為者固盡力為之而不恡
也夫人之識見妄為學說所移易破壞家族者則曰

義取墨氏之兼愛縱樂忘死者則曰義取楊氏之為
我其說愈辯惑人愈易為天下崇奢則愈滌君於非
孔之說既深惡而痛絕之不為羣言所淆亂而行與
心之所安是世變無常所守貴常可謂良軻不昧之
君子矣諱耀垣字穩成一字功藏紫亭其別號世居
南安廿四五都山腰鄉清時以輸財急公誥授中憲
大夫曾祖諱宜右祖諱和雍考即廷芬公兄弟七人

叙二配陳恭人儉以濟人與君合德君治生於外恭

人内理家務三十餘年先八年殁生子男四人鍾元

縣學生宣統己酉選士次成連殁次成蝦次成飯殁

女一人適邑人吕蒙在吧與結婚者姓康氏亦生子

男四人成堅次成蓋成禮均英華書院畢業次成立

女一人適晉江黄銓卿孫男二十四人昭衡昭鴿昭

丙昭閣春禧昭杏昭目昭信昭卄昭哲昭洼昭濤昭

斗昭迪昭範昭庚昭葉昭賢昭楮昭金昭埜昭璽昭
請昭朗孫女五人曾孫十人穆本穆秦穆炮穆尊穆
異穆華穆星穆薰穆煙穆衆曾孫女三人玄孫二人
生咸豐庚申年五月初九日歿民國十七年舊歷十
一月十三日春秋六十有九以歿之明年九月十四
日葬厦禾山後坡社顧厝山之麓穴坐巳向亥兼丙
壬銘曰

異說披猖轉相鼓簧非聖無灋倫彝云亡君篤於道
憂護宮墻仰瞻聖宇扶植棟梁瀾波自絕日月何傷
太奢守約無欲而剛利濟宏遠沒世不忘
南安吳　增拜譔文
晉江陳　恭拜書丹

清誥授中憲大夫
麗莊黄君墓誌銘
宗愚弟黄摶扶篆蓋

檗莊黃君墓誌銘

南安吳增譔

晉江林翀鶴書

歲丙辰黃君檗莊援司空表聖之例營生壙於檗谷鄉是鄉為其族祧祖東崕相國生長之地風景絶佳一時多題詠余亦深相歎慕以為居今之世乃有如是曠達之人也後數年訪友鼓

浪嶼相逢於瞰青別墅往復談論而知前之所
聞為不虛乙丑五六月閒安平一帶居民相攻
殺意外疑誤官兵死者二十餘人禍且不測有
議罰鍰以解之者強余謀之君時君病已數月
憊甚聞之慨諾三千金曰茲事關於鄉族生死
也同行者皆歎君雅量余見其神氣俊爽猶昔
而私心竊幸謂雖病可無他也不意歸數日而

噩耗至竟以八月九日病没悲夫君世居晋江
深滬鄉性聰穎幼失怙恃讀書未及卒業隨兄
東猷商於甬時年十餘耳兄没扶櫬歸而家漸
落於是發憤往菲律濱爲族人記室有林姓者
見而器之出資畀君貿則羸利十倍益大竒之
遂與合資歡好無間將没且以孤託之林姓之
孤菲産也以累繫獄幾不免君力爲上下營救

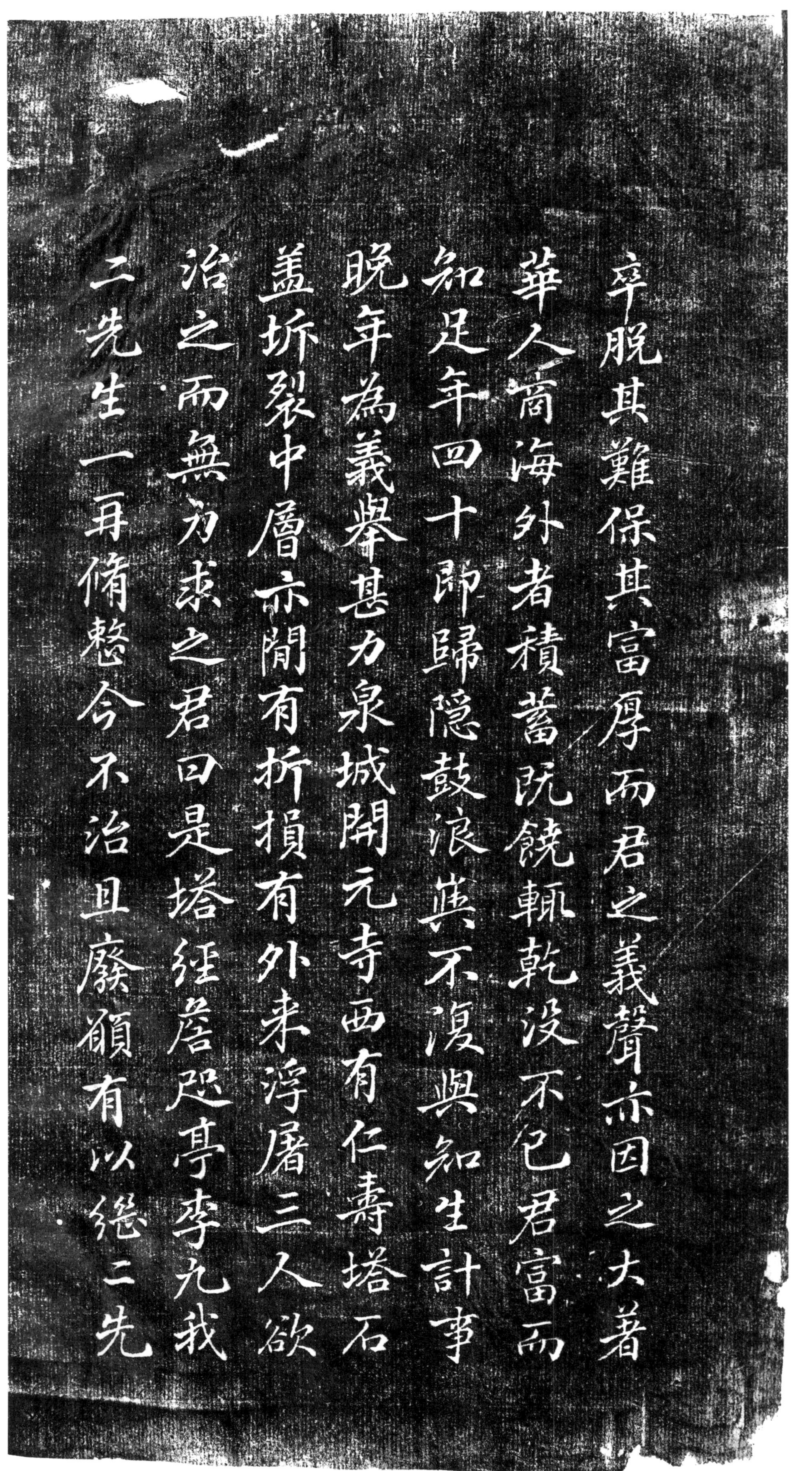

卒脱其難保其富厚而君之義聲亦因之大著
華人商海外者積蓄既饒輒乾没不已君富而
知足年四十即歸隱鼓浪嶼不復與知生計事
晚年為義舉甚力泉城開元寺西有仁壽塔石
蓋折裂中層亦間有折損有外來浮屠三人欲
治之而無力求之君曰是塔經營起亭李九我
二先生一再脩整今不治且廢頽有以繼二先

生之後君曰桒蓮古刹是我祖捨宅之地我繼
不能踵武前人亦何有於一塔遂獨力任之誰
梟舊与人營業驟為傾覆負逋數十萬君悉如
其數還之家居無事徜徉山海間幾三十年可
謂極人世清福矣君諱秀娘歸蛻叟縣莊其別
號也曾祖鍾奏祖英騰父毓夔兄弟二人叙二
清誥授中憲大夫民國五等嘉禾章生咸豐已

未年十月十五日春秋六十有七德配陳夫人
側室詹氏張氏陳氏没王氏没子五祖貽嫡出
呈佑呈棟呈權張出志誠王出女十一長適施
次三四均適陳五適施餘未字男孫一裔珉祖
貽出女孫三曾孫二君子祖貽等將以十月廿
一日扶柩還葬於古檗山莊君所自營域其地
縱桜數百步外環短墻中爲壙數十左右行列

甚整與呂新吾先生族葬圖略同為閩南從來
葬法之所無蓋不拘形家說也銘曰
生為骨肉死異處天地之閒一憾事弥其憾者
惟達人事不師古與古鄰族葬之法於古有君
得其意十八九疑龍撼龍皆荒唐何如返本歸
故鄉西北環山東南海佳氣蔥〻千萬載

清江吳君志銘

清江吳君志銘

君諱澤炊字克恭號清江世居晉江十七八都西吳鄉曾祖天淵祖仕引父錫金其分居於今之新西吳鄉者自仕引公始兄第六人君叙二年九歲讀書十二歲往垊讀西國文精於建築之學先在有木廠在垊二十歲即莞其事度村任人各如其器

二十四歲自垠歸娶時垠有蔡姓與君世
好而所業同者要君出任其事即於是年
復之垠履地量材繩尺在胸一經指畫不
差累黍為他人所莫及前後歷三十年所
嬴以千萬計識者稱蔡姓之知人未嘗不
歎君之不負所託也君性寡嗜好義舉所
在則知無不為於鄉中設立學校至今人

才輩出冠絶一時其識見過人遠矣君生
咸豐辛酉年十一月十五日卒民國甲寅
年正月二十六日春秋五十有四配王氏
繼配尤氏側室陳氏子六人大緜殤彬秋
緜廳緜灯自王出清修自尤出便宜刈自
陳出女三人長次均殤三未字自王出男
孫一伯輿女孫一自彬秋出君殁之年其

子彬秋等將以閏月二十三日舉君之櫬
合瘞於本山土名東山脊尾又名大騎龍
王夫人之墓穴坐丑向未兼艮坤分金辛
丑辛未王夫人者君同邑西岑鄉人生於
望族精勤明敎德與君配生同治丙寅年
十一月二十一日卒光緒丙午年閏月二
十九日春秌三十有七蓋先君之殁也九

年於兹矣爰銘之曰

不雕不琢不斧不鑿能物物而不物於物

曰因村而薦學尚實用一藝已足傳之奕

禩夫誰敢偭規矩而改錯

宗愚弟吳　增拜撰并書丹

石室居刻

吳母福華李太君墓誌銘

晉江吳鍾善撰文
南安吳　增篆蓋
安溪李愛黃書丹

晉江坑東　吳君益第有繼配曰　李太君者以賢
婦賢母聞於族鄙垂數十年年踰九十五代一堂動
躬積善脩福衎祥近今罕有倫比殆古之所謂人瑞
者歟既卒之二年葬有日矣冢孫章蔚奉事狀丐銘

幽之文於同宗鍾善既辭不獲於是爲叙而銘焉銘
曰　太君本邑永寧光耀君之長女年二十有四歸
益簡君爲繼室　益簡君元配於　太君爲同姓有
二子長金錠君早世次文鮡君晁有名於海外
太君子三曰文皎君曰文髻君早世曰文盾君振奮
繼述曰以昌大吾邑僑外守世業以不墜眘時之人
甲乙目之而　太君寔始終之焉初　太君之適家
徵也能承事舅姑以得其歡心且度　益簡君非終

困阸閭里者旦警而夕厲閑時而彌勤　益第君由
是逕渡菲律濱既有以自殖三子者先後踵至曰起
蒸蒸則壹以委之而歲歸其贏於家　太君則益致
隆於其親與其志之所欲出勞瘁不辭傾囊篋無少
靳雖　益第君亦且資於内助之賢倦遊歸老夷肰
自樂其素　益第君既喪三子者亦相繼逝憂危之
境凛予交萃　太君茹辛而無懟振壞而為興内輯
和以保其家外守其業而益富以有皆其賢明肅裕

有以厚培餘澤而樹之令範也自奉一秉儉約不以
世俗之榮為榮而以及物之澤為大慈祥愷惻根諸
性生曩者 太君年七十 旼君丞謀稱慶輒拒不
許則命移其款備築普安橋行旅得以不病涉其不
以有用之財耗諸無用之地多類此鄉嘗大疫朝染
而夕僵 太君亦病甚文盾君晨夕在視不敢稍離
太君則力促他徙毋以老人為念卒皆無恙 太君
之慈文盾君之孝人兩賢之晚歲奉佛尤謹率常茹

責在病無所痛苦以民國壬申十二月二十六日卯
時孝終里門距生前清道光庚子六月十七日戌時
享壽九十有三歲女二長適李次殤孫男十有二人
文鮡君出者章蔚章爲章安文皎君出者章最殤章
江章波章河章溪章池章潭文盾君出者章漢章存
孫女十有一人曾孫男十有八人華輝華明華煌章
蔚出華瑟華琅華琇章爲出華海華平華林華源華
傑華山章安出華求華恩章江出華沃章波出華東

華培章漢出華振章存出曾孫女二十有三人元孫
男五人　國扶國川華輝出國津殤國偉國長華明出
元孫女三人於是諸孫共捴遺業於海外章為被任
為宿務名譽領事餘亦多以學業顯皆秉　太君之
教以有成者也章蔚等筮以今甲戌歲十月初七日
別塋　太君於本里東山芸内之陽坐乙向辛兼卯
酉葢　益笚君安厝久矣不啟以祔銘曰
紹良配洲美我繼不怵不慆一祥淤果符鳳卜昌五

世析閭為年滿百歲永矣其貽無有替

承重孫吳章蔚

孫　章安　章江　章為　章漢　章存

　　章池　章河　章波　章溪　章潭

曾孫華恩　華海　華球　華明　華輝　華棐　華東　華培　華渥

　　華山　華朗　華煌　華振　華琳　華平　華傑　華源　華琇

玄孫國川　扶　國偉　長泣血勒石

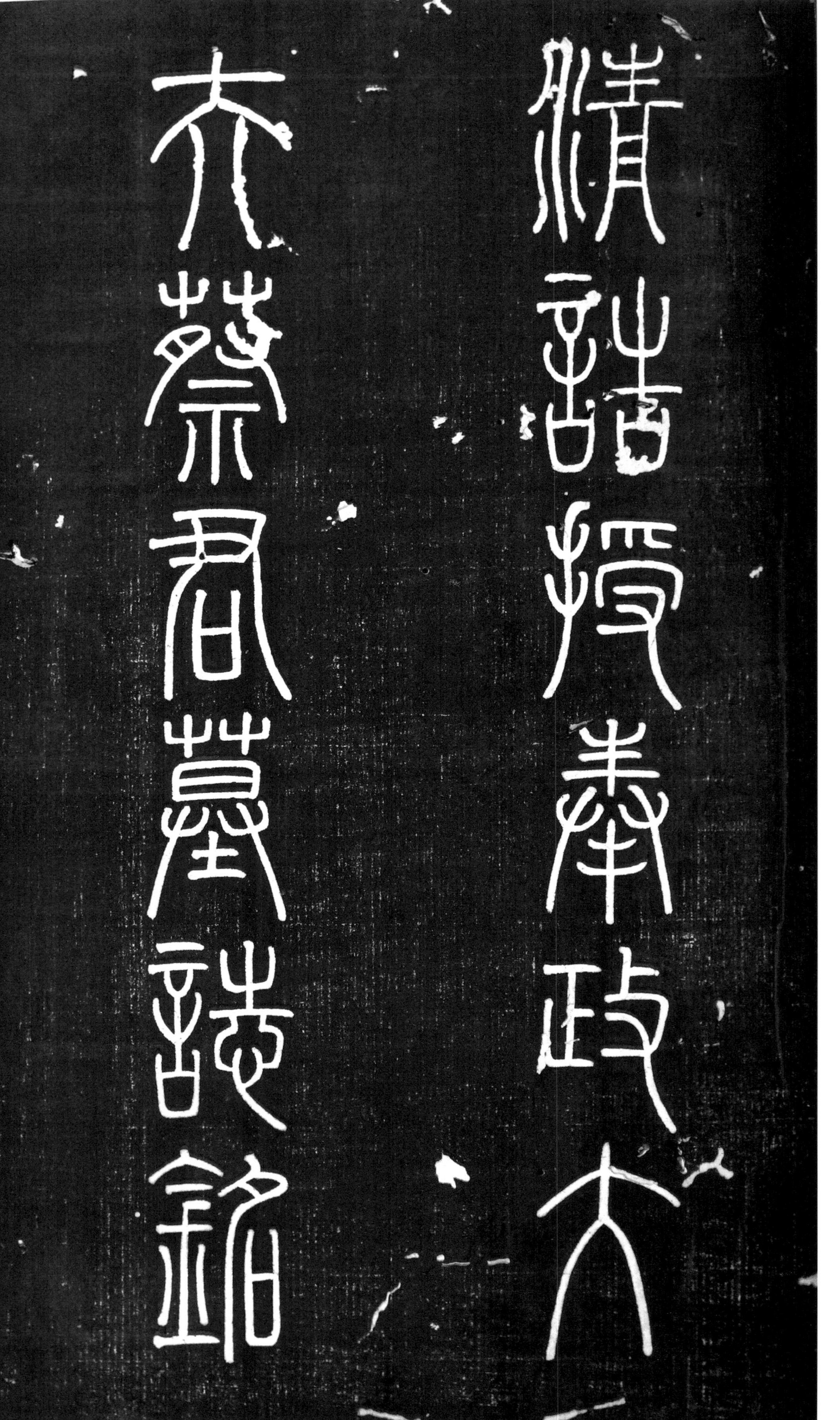
清誥授奉政大
夫蔡君墓誌銘

旭初蔡君墓誌銘

君諱玉書字永升號旭初志和公之子安亭君之弟也志和公舊有遺業在南洋之小吕宋自安亭君往任其事發揮而光大之而後富甲於一邑安亭君滯留南洋得君之綱紀家政輯柔鄉族並蓄蕉收於物無迕而後望重於一時蓋自志和公由晋邑之鼇頭鄉遷居漳里數十年来化家為族聚族為鄉而遠近翕然無閒者君與有力焉君性寬而量宏見安亭君

既蹀財役物積貲數百萬則恒以濟人為心有稱貸
者數無多寡輒還其質劵亦不書其姓名曰緩急人
所時有而貸者未必能還吾不以此爲後人累也自
奉甚約飲饌不求精美衣不經歲不更卧榻之簣穿
而始易四方之士有窮而来歸者則不問其流品何
若傾身接之座上賔客常數十人日費以百金計曾
不稍悋有譏其混精金黑鐵於一爐而治者君夷然
不顧也慨當以慷有古豪俠之風與安亭君志趣不

同而各有其獨見是難能也平生渡南洋七次考察
生計之贏朒與安亭君往復談論無一言之左事繼
母如生母父殁而益篤其敬持躬甚謹語人惟恐傷
兄弟之子事有未合亦從容相對俟其自悟未嘗面
斥其非蓋得天之厚與安亭君同而君尤以柔道行
之藹然與人以可親故殁之日遠近數十鄉莫不為
之欷歔太息至於出涕而不能自已嗚呼是豈徒
以其富而能然也哉生咸豐十年正月十一日卒民

國五年正月廿七日春秋五十有七以順直水灾賑
捐前閩浙總督卞咨部議敘五品銜誥授奉政大夫
民國三年捐公債萬員巡按使許奏給二等徽章君
幼聘曾氏未婚卒娶楊宜人先歿繼娶楊宜人子七
人世告次世烈世水瀛洲均先卒世偶次炳燿殤世
輸孫十二人自世告出者祖訓祖圭自世烈出者祖
芬自世水出者祖蔭自瀛洲出者祥柏祥瑞祥獻祥
龍祥泰自世偶出者祥彪祥杰炳燿則以兄子祥龍

族子祥源爲嗣女孫一人適王氏君歿之年三月十

六日葬於本邑本都土名大池坡之麓穴坐坤向艮

兼申寅分金辛未辛丑銘曰

急人之急憂人之憂外無臧否内有陽秋君子人歟

而豈徒朱家郭解之流

姻世愚弟吴增撰文

姻世愚弟吴撰震篆蓋

姻世愚姪吴鍾善書丹

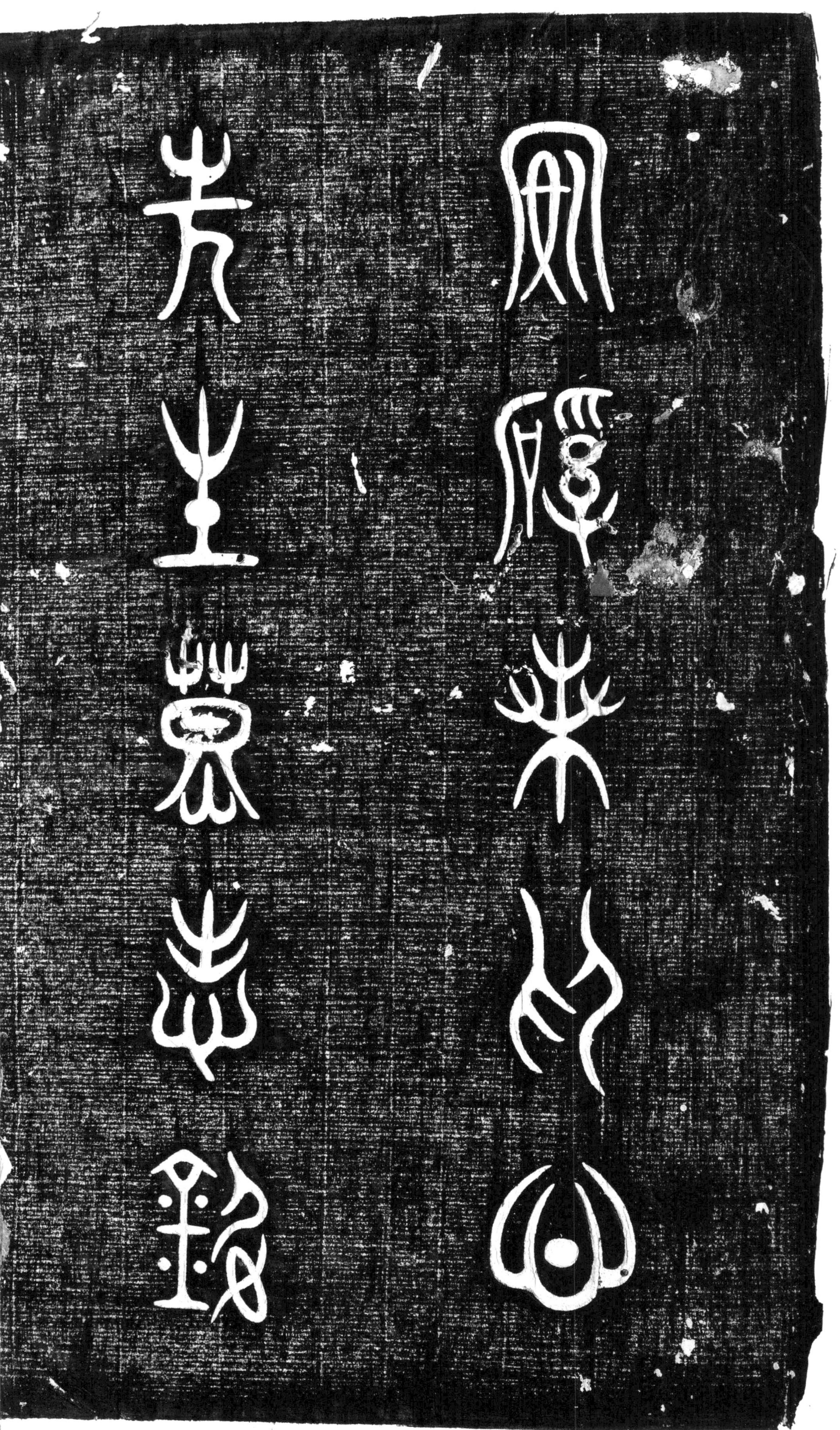

葉印心先生墓誌銘

君諱師古字印心號竹溪姓葉氏先世自

南安十三都遷居安溪長泰里參内鄉曾

祖盛德祖纒綿父敬齋以醫藥起家生子

五人　君居長少為邑諸生每試輒冠其

曹文名藉甚而沉默淵雅望而知為君子

人也性至孝父嘗病痢一夕數溲憊甚
君時其起居而護持之痢止旋生他病百
端施治迨少寍日 君未嘗擅離左右有
所需則立應或下氣柔聲以迎其意旨或
邀父老談笑以慰其憂思始終三年衣不
解帶者二百餘日迨 至醫窮法盡乃涕泣

而禱諸神願以身代一日方俯伏忽蹶然
而興直趨寢室示以方藥若有物憑之者
試之果驗於是連進數十劑霍然病已逾
十三年乃歿里人至今猶嗟嘆以爲異而
不知至誠所感於古有之也母黄太安人
病偏痺體膚潰爛舉動須人　君時授徒

里中距家十里每夕必歸親爲滌淤垢調
物藥有人不勝其勞而　君不以爲苦歷
兩年如一日故太安人雖病劇且久無甚
痛苦者以　君忘其苦而亦忘之也爲人
渾厚無圭角與人言訥訥不能出諸口而
識見遠甚庚子以還海内多故知教育之

不可緩身為教員校長者凡十六年生徒
數百人卅中學專門大學者亦數十人風
氣從茲大變士爭尚有用之學於鄉創參
山兩等小學校成績卓著經費皆其所自
籌而縣立女學校師範學校先後成立亦
君所擘劃為多産僅中人約衣縮食資

其子采真貽哲遊學京師年費不貲無所恡惜蓋靜觀世變欲固國基保人種非具有絶大智能不足立於列强競争之世故皇皇然力肩教育如飢渴之於飲食得則生弗得則死若舍此别無所救藥也者其他如敦宗睦族修祖宇叙族譜救災患息

鬥爭諸義務為衆所欽佩者人猶能之獨
其修於身者篤天性之親及於人者為百
年之計此二者為不可幾耳夫其不可幾
也則亦不可朽也　君以廩貢加直隸州
州同嗣蒙　馮大總統題詞褒贈民國
八年九月十一日以疾卒於家春秋六十

配黃安人南安水閣鄉探龍君長女子四
長文鸞邑庠生歿次澧次淵北京大學畢
業次淳肄業北京農業專門學校女二長
適黃次適白養浩北京大學豫科畢業孫
五郁李振基振漢振華青箱　君歿之次
年元月廿八日塟本里洋窩鄉厝桶内壙

為二　君埋於左而虚其右云銘曰
去年四月訪君清溪淡言微中南針指迷
别君歸来私心竊喜溯洄從之相去百里
為時未久荆棘載塗天分南北滿地江湖
噩耗之来疑無疑有昨日之日笑言握手
平路伊阻逝者云何著銘於石歷刼不磨

穴負酉揖卯兼辛乙

晉江黃　鶴篆蓋

南安吳　增撰文

晉江黃貽果書丹

泉城石室居吴釗刻

潤齋駱君墓誌銘
温陵陳蓁篆蓋

潤齋駱君墓誌銘

駱為惠邑望族自宋必騰公肇基錦雲世有令德至十五世獻庭公配黃太孺人生七子潤齋君最少性穎悟有毅力幼年就傅東湖不數載便通文義不幸諸昆早世獨四兄商於外食指繁生計甚窘君乃請於父欲去儒就商父初不之許請之再三父曰汝欲治生以分我憂甚善然商亦不易事事須虛心實力行矣勉之於是為德安舟司理者數年一家衣食攸賴無何以父病母老復去商為農昕夕省視甚得親

隔於鄉䣊設錦雲學校使其子炳南畢業上海南方
大學君亦從兩廣政治學院函授得校外畢業夙願
悉償而無憾可謂有志竟成矣君諱汝聘潤齋其別
號生同治丙寅年九月初八日卒民國戊辰年四月
十五日春秋六十有三曾祖諱允章祖諱為杏父即
獻庭公配鄭孺人為同邑小𡌴鄉樸齋公次女子三
人基棠娶陳基泮娶鄭炳南娶黄女三人長適陳兆
壎次適詹雅欽三未字孫八人自基棠出者業裕業
贊業海自基泮出者業修業振業廣業豐自炳南者

者業宗孫女三人□是年七月十一日葬
於張庙山之麓穴坐辛向乙兼戌辰辛酉辛卯分金
銘曰
輟學而商以為貧也去商而耕以為親也耕而復學
以為身也學推於鄉所以為己亦所以為人也嗚呼
與時變化能屈能伸賢者固自有真也
世愚弟吳增拜撰
世愚弟曾遒拜書

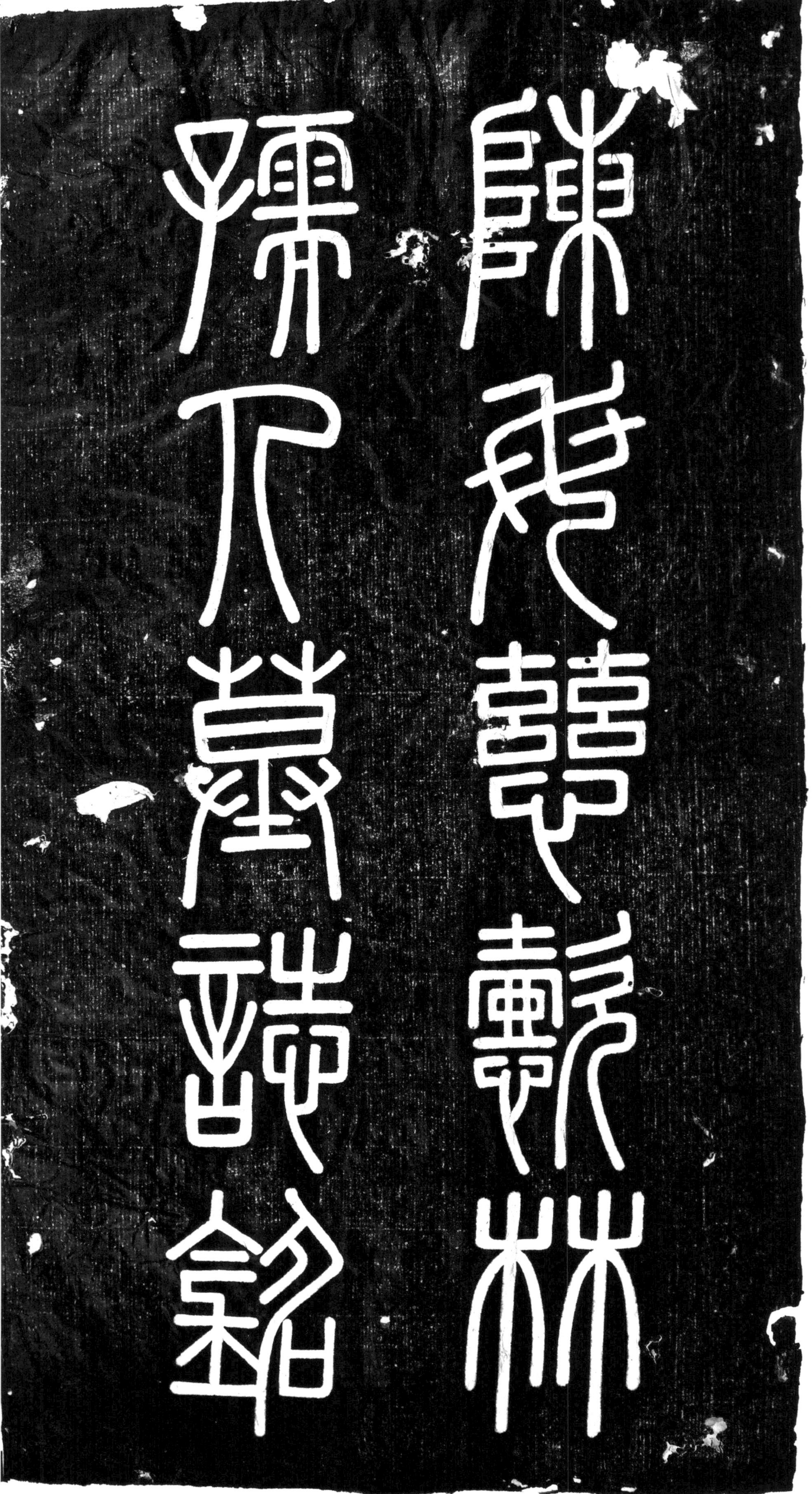

南安陳母林孺人墓誌銘
衡陽沈琇瑩撰文
晉江林翀鶴書丹
晉江陳蓁篆蓋
孺人林氏泉州晉江人也泉爲名郡
林故華宗維父若兄粹然儒者家學

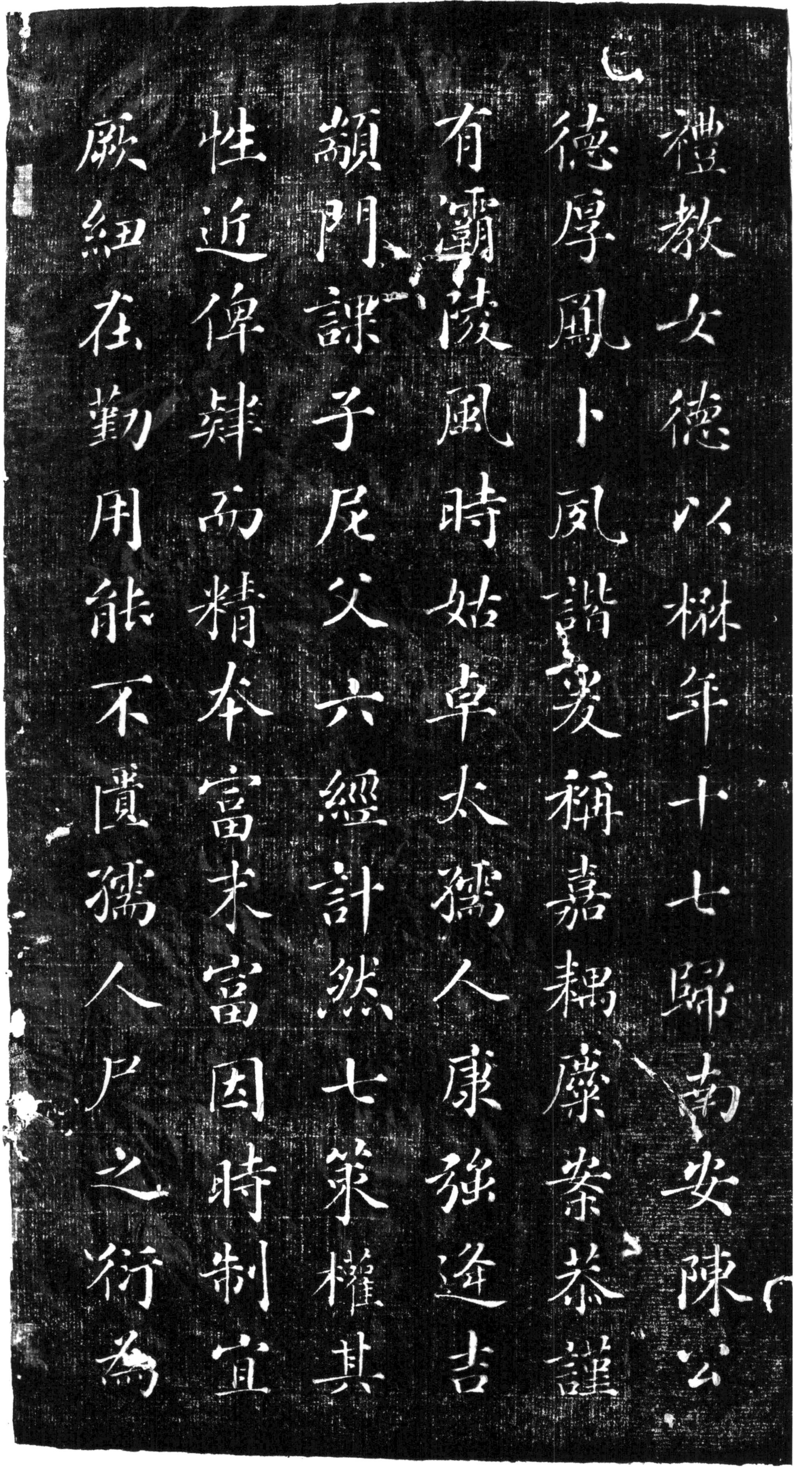
禮教女德以棫年十七歸南安陳公
德厚鳳卜鳳諧爰稱嘉耦糜綦恭謹
有灞陵風時姑卓太孺人康強逢吉
顏門課子尼父六經計然七策權其
性近俾肆而精本富末富因時制宜
厥紐在勤用能不匱孺人尸之衍為

家法壼靡勑篌鄙鮮閒言太孺人既
考終命德厚公亦捐館舍遺家多難
諸孤失瞻孺人屏當百務苦心勞意
斠古和熊治有甚焉般寧馨馳譽伯
仲聯翩掇芹頖宮寖騰茂實南溟振
翮商戰郵雄搢紳先生比比引重古

者无季齋名唯讀父書趨表浮海非
繇母教孺人正而正外躬獲無之家
道隆隆不亦宜乎若夫妯娌間居時
相勸勉子姪壹視期于成立雖未俗
之所難猶未足爲孺人異也孺人以
民國十九年夏曆庚午十一月初一

日卒于廈門寓舍距生于清咸豐七
年丁巳五月二十日享壽七十有四
歲子六祖舜宗舜均邑庠生研士煦
士彥士八士研八均殤孫十三啟我
啟賢啟元啟賴啟璋啟秀啟明啟勳
啟熾啟嶽啟東啟琛啟雄熾出繼女

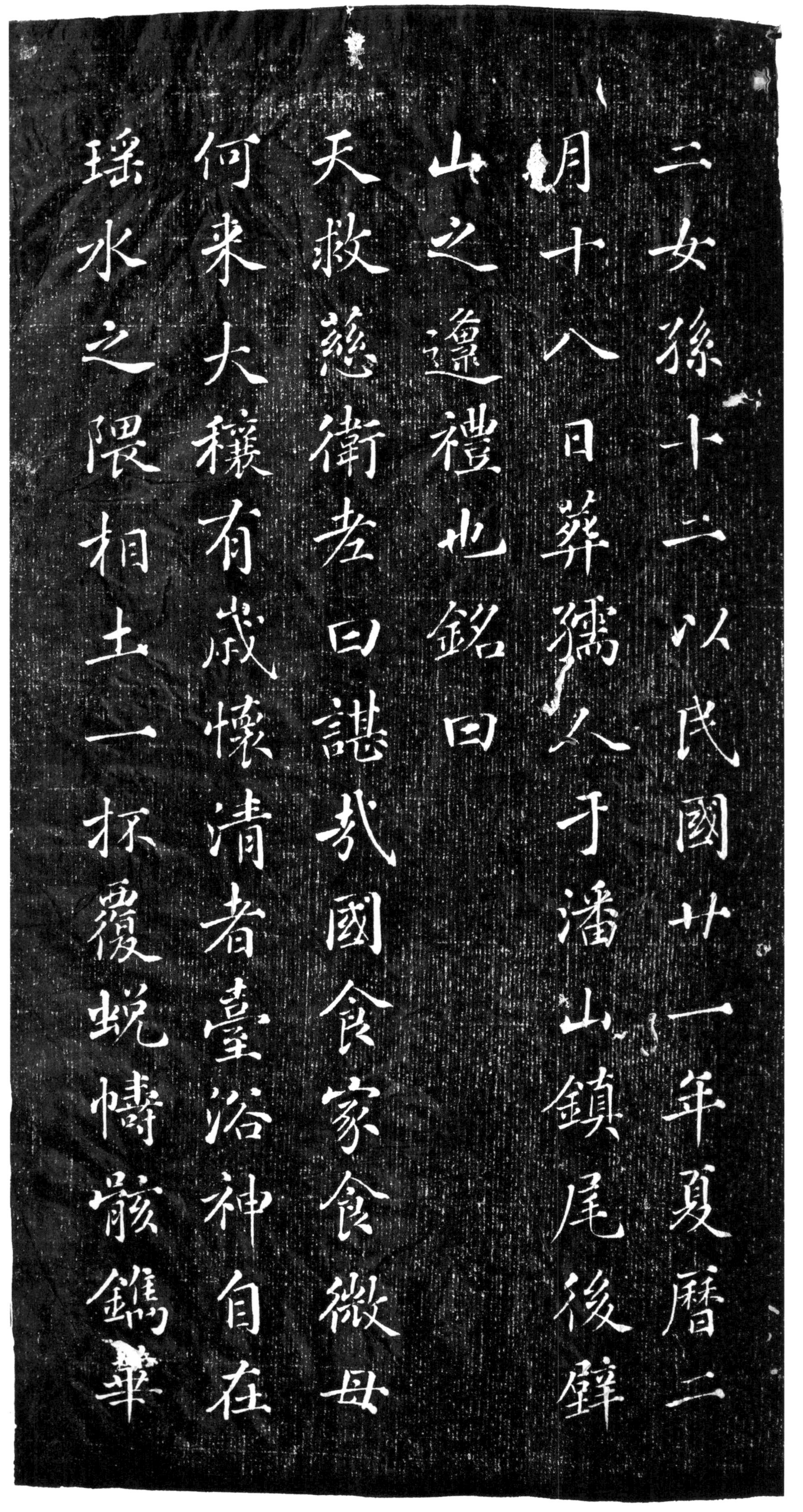
二女孫十二以民國廿一年夏曆二
月十八日葬𤓰人于潘山鎮尾後辟
山之邊禮也銘曰
天救慈衛老曰諶哉國食家食微毋
何來大穰有歲懷清者臺浴神自在
瑑水之隈相土一抔覆蜕幬骸鐫華

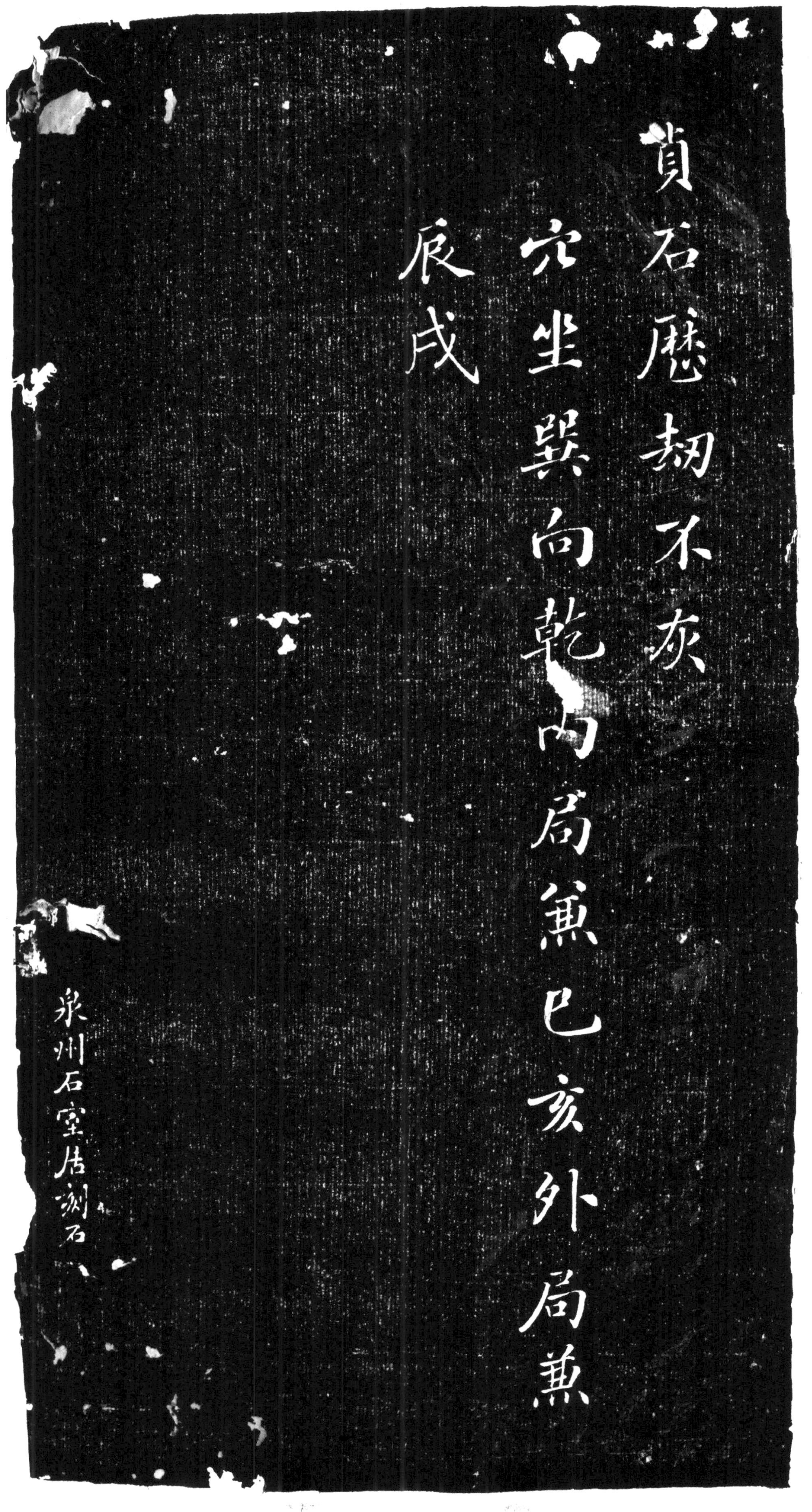

貞石歷刼不灰
穴坐巽向乾內局兼巳亥外局兼
辰戌

泉州石室居刻石

陳母林太夫人墓志銘

太夫人姓林氏為南安三十一都彭洋鄉添公長女年十六歸同邑蓮塘鄉陳世直先生時家綦貧堂上舅姑年老先生有遠遊之志顧謂太夫人曰吾之家之貧汝所知也吾奚為悒悒坐困吾將以父母累汝矣即脫身僑於南洋所餘薄田數畝太夫人苦身瘁力以耕以種以養其親以無負其所託鄉之人於是嘖嘖然稱之以

[illegible]其人也婦也而子年先生數遊歸來嘗中無
數金裝家居以麻苧為生太夫人則為之洴澼
為之剔治淨潔無纇售易而直多於他人佐先
生喪葬其親得以如禮者實賴有此資仲子佩
玉從學於泉州佩實小學私立中學培元中學
廣州教育院年縻金錢不少亦惟此是賴鄉之
人於是復嘖嘖然稱之曰斯人也母也而父矣
既而佩玉輟學從戎自連長擢升至營團長每

膺一職太夫人未嘗不以治兵之不易嗜殺之
非仁反復而深警之又未嘗不以民氣之破傷
物力之凋弊長言而慨歎之拳拳告誡髫鬌篝
燈課讀之時故佩玉於民國十六年從北伐軍
何總指揮轉戰至省垣二十一年奉省府命禦
匪同安復進克漳州城所至持嚴紀律於民無
擾鄉之人聞之復嘖嘖然稱之曰非此母不有
此子斯人也母也而師矣無可十九路軍來閩

褚省防軍為異已亟起圖之諸軍披靡潰走武
鋌嶮山谷間太夫人曰汝之出也本為保障鄉
閭計彼軍方負盛名不我諒則褰裳去之可耳
佩玉於是潔身遠避而奉太夫人隱於鷺門居
久之是軍有異志欲餌佩玉以出而堅守母訓
確然不稍為動揺不陷其身於不義事定之後
鄉之人尤嘖嘖然歎息稱其操守之篤識見之
高可以處常處變而轉惜佩玉之再掌兵柄為

其身所不獲親見為可憾也蓋太夫人以癸酉
十月二十九日歿於鷺門旅次距生清咸豐庚
申年正月初九日春秋七十有四性尚儉而好
善如節壽慶浮費創辦醫院建築學校以及賙
卹窮苦諸事多至不勝覼縷而鄉黨稱善人者
類能為之故特掇其大節數端以為世之為婦
為母者取法焉有子男二人澤隨娶王氏次即
珮玉娶林氏黃氏女二人望治適林鐵治適徐

惟永寧
世侍生吳增拜撰
世侍生曾道書丹
世愚姪許宗嶽篆蓋

清貤封宜
例封太孺
人黃母傅宜
人墓志銘

清貤封宜人 例封太孺人黃母傅宜人墓誌銘
太宜人氏傅系出南安舊族黃君謀撝所生母也年
十九助遺于故通奉大夫 封公之室崇勤尚儉率
其家規慊約屏謻恂恂唯謹事 女君王太夫人蹈
矩循分無稍踰越 太夫人體弱多病凡中饋操作
太宜人率嫡子婦每以身先遇歲時膢臘寢薦之
祀薄正供具粢稷尊斝盥饋羹湇靡不恪 太夫人
病篤輒為茹素持誦以祈有瘳迨 太夫人即世期
除之後仍服素週乎三載懃懃之款出於至誠安命

檢身有詩人參昂肅肅之頌事　封公尤加謹一飲
食之節一服御之細罔弗殫心　封公中年後脚氣
歲發　太宜人晨夕侍奉不離跬步比年漸衰體漸
虛日食漸少猶强起支撑家事故其殁也　封公尤
深悼之性易直儉約與人言無粉飾居常茹蔬衣布
屏除一切華靡暇即持齋念佛為子孫祈福待人恩
禮兼至御婢獲尤寬遇貧媪解衣推食無所吝其仁
慈之不可及者又如此世迹奄收慈暉隕蔭後　太
夫人七載先　封公九月殁時光緒十有一年三月

二十六日也距生道光十五年十月十五日享年五
十有一以嫡子謀烈仕禮部　貤封宜人所生子一
曰謀攜娶於陳余妹也孫一孫鋆女孫一以丁亥年
十二月初三日未時出窆於西關外金獅山之陽謀
攜來請銘詞曰
懿維　宜人性行淑均傳嚴碩女助遷黃門慎事嫡
氏無相奪倫也家政輔理不憚煩也遇事請命不踰
尊也病則祈禱志孔殷也歿則服素如喪親也其事
主君尤極慎勤飲食服御審寒溫也起居出入時遂

巡也隨侍宿疾無間晨昏也扶持抑搔不辭勞辛也
端居念佛喜結淨因擺除一切解脱六塵性坦直語
默其率真也安樸素疏布其稱身也待衆人恩禮其
克敦也撫婢嫗一視其同仁也念子婦隨事其拊循
也以斯令範廣植福根及看嫡嗣早列朝紳叨榮其
翟茀也寵錫其　恩綸也梓庭其擢秀也蘭砌其
生蓀也一門鼎盛五是駢臻宜留姥竹永護壽椿胡
圓佛果遽返慈雲也兹獲吉壤金獅之原佳城鬱起
瑞氣絪緼敬泐斯銘垂裕後昆知蟬聯其繼起也猶

將庇蔭於千春

賜進士出身

誥授朝議大夫員外郎銜刑部主事前翰林院庶吉士姻愚姪陳棨仁頓首拜篆蓋并撰文

賜進士出身

誥授奉直大夫翰林院編脩世愚姪王式文頓首拜

書丹

穴負丙揖壬兼巳亥分金丁巳丁亥土名亭塘崎

石室居刊

清故從叔母訓導夫人葉氏墓誌

夫人姓葉氏福州閩縣人也皇朝詹事

府少詹事觀國之元孫廣東督糧道申萬

之曾孫刑部主事試昌之孫浙江鹽大使

源滋之女翰林院庶吉士大道之妹揀選

知縣大垣之姊先世以厚德著聞至太高

祖茂盛儒術起家世歷清要其高祖七子
科甲世父六子科甲海内傳爲佳話閩中
推望族者首屈指焉夫人生而幽静長而
敬恭嫻習禮文博通書史先叔祖尚書公
以女字其兄大適因諗夫人之賢爲叔父
貽果定聘年二十有二來歸事姑盡敬相

夫如賓接娣姒以謙和馭幼賤以慈惠簡
默若拙款樸無華動履不忒其儀喜怒不
形於色體素羸善病恐貽堂上憂雖甚病
不自言人以爲天性過人也叔父以優行
貢成均　廷試授職歸中途得噩夢急束
裝返而夫人已先五日卒蓋光緒六年九

月二十八日未時也距生道光二十九年
十一月初一日申時春秋僅三十有二云
子二謀燡謀燎女二以壬午年十一月二
十六日窆于郡西萬衣嶺之麓叔父命從
子謀烈為誌追念遺徽揄揚莫罄祇陳梗
概美無溢詞嗚呼至親無文至敬不飾懿

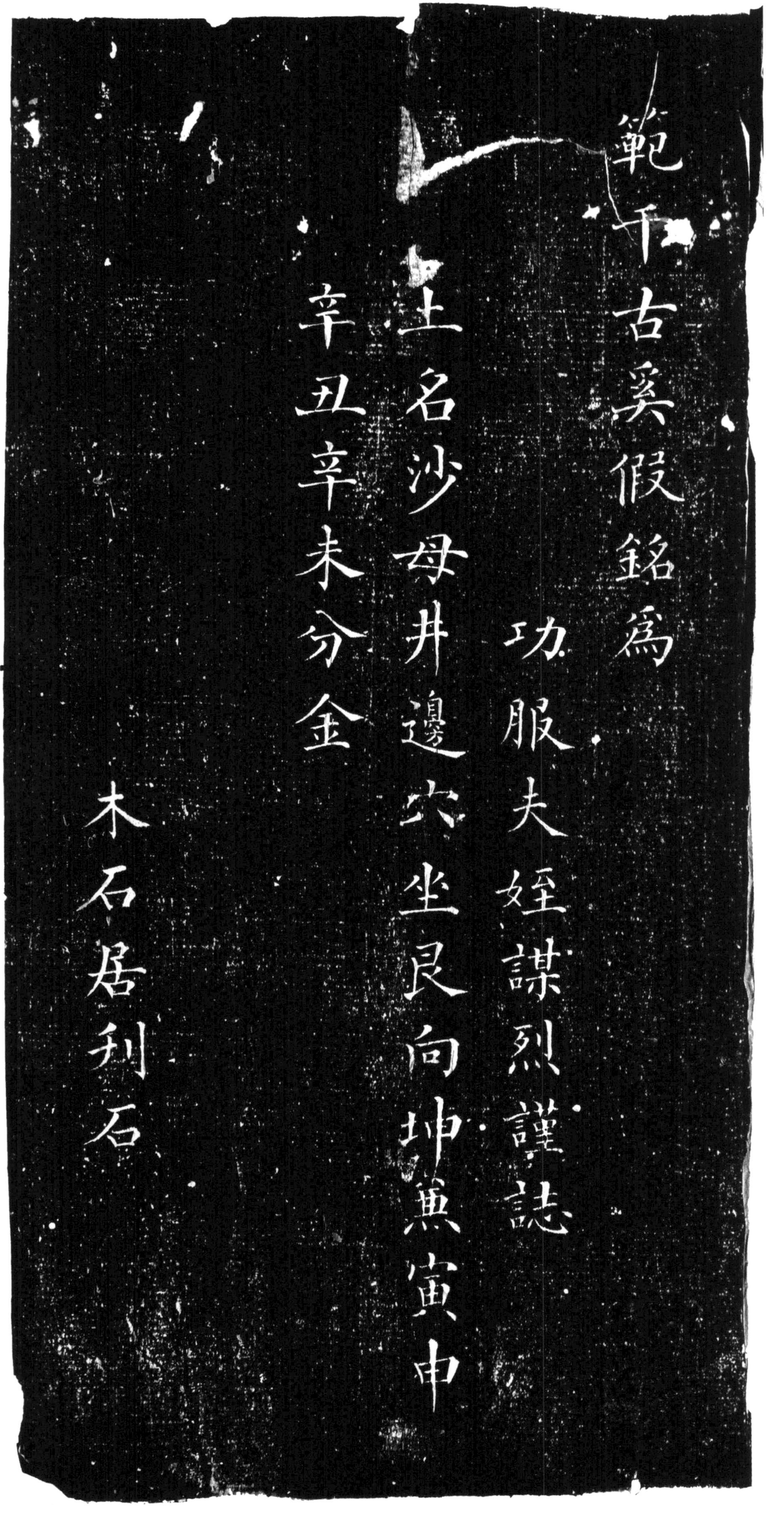
範千古奚假銘爲　功服夫姪謀烈謹誌
土名沙母井邊穴坐艮向坤兼寅申
辛丑辛未分金
木石居刊石

亡兒俏生黃謀燡壙記
清黃謀燡　尚書公諱宗漢之孫令訓
導胎果長子也其母葉孺人於丙子年
六月廿四日生兒又名丙孺人舉二女
頻小產迨兒生已六胎矣故兒雖氣清
神秀而體弱越四年遂失恃吾　母

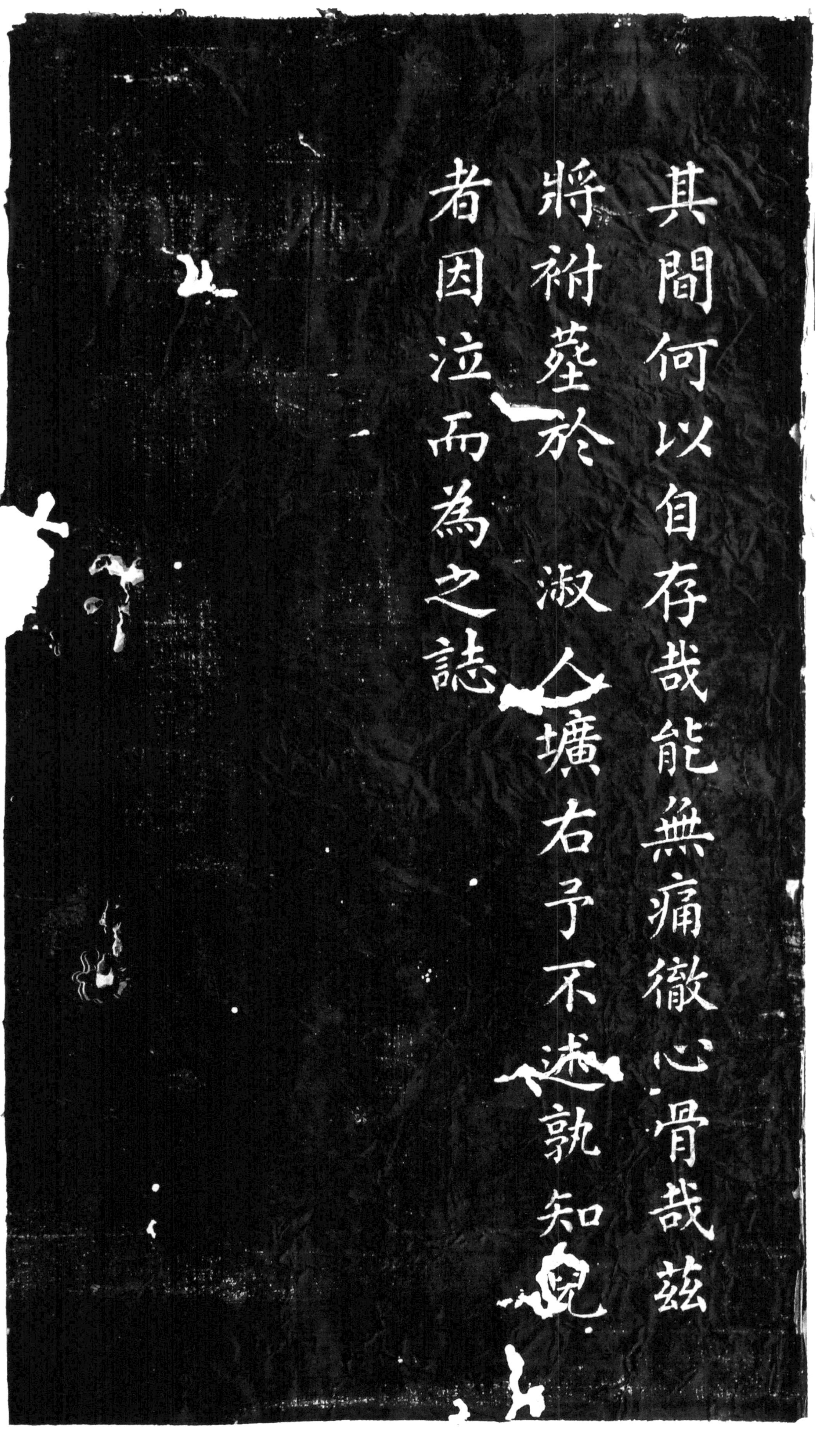

其間何以自存哉能無痛徹心骨哉茲

將祔瘗於　淑人壙右予不述孰知兒

者因泣而為之誌

皇清欽旌節孝

敕封孺人誥

封恭人黄母陳

恭人墓志銘

皇清欽旌節孝　敕封孺人　誥封恭
人黄母陳恭人墓誌銘
從古母儀欽式洪四德務六親不忝奇
蹇囍塞未亡守志矣能靳其遇卒不能
不酬其名習俗猥鄙讕陋每舉夫豢庸

福者流連建美其有藴粹含章植操貞
固則又不知其堅苦卓絶正彼蒼所㠯
玉成而儲休㠯待也今於黄母陳恭人
遇之矣恭人孟加司訓之賢母也孟加
天性純篤重㠯嫺戚之誼奉狀請焉敢

吕不文辭按狀恭人姓陳氏晉江名孝
廉錫圭公次女幼守詩書通大義年十
八隸同里中憲質直公䟧兩載而寡慟
幾絕不㬎己抑哀𧞤變壹意立孙昔諸
舛稺尊章健在恭人吕婦道兼子職嗚

雞而適所佐餕而展食備得堂上歡於
少姑亦奉事維謹姑王太夫人暮年多
病扶持抑搔昕宵罔閒其歾也罄盡哀
祭盡禮衰麻哭泣之歲蘋蘩筐筥之事
孝極其至敬亦有餘舅通奉公家政肅

若朝儀鉅細紀一邑委之恭人先意

承志稟命後行通奉公顧而樂焉性貞

淑儉勤非睞甯不出家門處築里和睦

輯洽而言成規矩動合禮儀居常茹素

屏紈綺卻珍饈寸絲飧粟懸惜不忍棄

至分人以惠戚鄙請匄無弗與待下㠯

恩撫娣婢如己子長擇婚配務令㝵所

遠邇咸讀讀稱道恭人無出仲氏冄氏

盡焉愓之各出其子為之嗣掌珠之珍

不啻也顧㠯養㠯教易慈而嚴昔責毋

稍姑諰義方之外旁及善舉媳婦寢見
諄諄曰家訓勖有不逮未嘗苛責少工
鍼黹帷年力就衰猶日縫繕勿券遇朔
望手内典一編琅琅虔誦恍若有擺脱
塵根者光緒丁丑孟加出武林孫侍郎

之門補弟子員庚辰具狀籲當事達於
朝旌門閭祠俎豆呂并貴　封孺人
晉恭人艎邀榮遇訓子成名其得於完
操封萬蓋可知矣傳曰清閑貞靜守節
整齊行己有恥動靜有法是謂婦德恭

人其當之乎噫賢乎哉恭人生於道光
庚寅年十二月初十日辰時卒爲光緒
乙酉年七月四日戌時享年五十有六
子二長孫增即孟加司訓郡增生候選
訓導娶於張炳文女弟也次曰孫圻聘

陳氏翰林院庶吉士刑部主事榮仁公
次女孫二子欽子釗烏虖㠯恭人貞節
峻於寒松儀韶儼於温玉受遐齡介繁
祉獲覯贒嗣之聳壑昂霄厚其償而僉
其報亦固其宜胡不躋中壽劬勞顑頷

遘疾㠯殁天之待恭人為有意邪為無
意邪兹將㠯光緒丁亥年辜月十一日
出窆於北關外路覺山之陽謹繫呂銘
禮也銘曰
冰雪勵清金石同貞嚴凝苦節百世流

馨鬟懿恭人德猶耳鳴不延其年而成
其名鍾郝媲美韡楔增榮階芝庭玉秀
茁難犴鐫珉紀行騰實蜚聲牛眠叶卜
吉壤是營昭昭令範鬱鬱佳城庇廕後
嗣昌戩崢嶸

賜進士出身

誥授朝議大夫員外郎銜刑部主事前

翰林院庶吉士加三級姻侍生陳棨仁

頓首拜篆蓋

敕授文林郎揀選知縣壬午科舉人姻

世愚姪張炳文頓首拜撰文

敕授文林郎五品銜內閣中書揀選知

縣乙酉科經元姻如姪王佰鶴頓首拜

書丹

山在吴宅鄉土名中堡坑穴負亥揖巳兼乾巽分金丁亥丁巳

泉郡石
居刊

第四册

閩人墓誌拓本集第四冊目錄

誥授奉直大夫
誥封朝議大夫
賞戴藍翎浙江
試用知府曾公
墓志銘

誥授奉政大夫　誥封朝議大夫、賞戴藍翎浙江

試用知府曾公墓誌銘

公曾氏諱天眷字尊三號惟五先世派出龍山宋秘

書省介公之後累傳至公考愧吾公操儒業有隱君

子風公其仲子也少慷慨多大志慕鄭吉班超之為

人甫冠即渡南洋之坻希肭是埠前屬西班牙領土

閩粵人舟船鱗集焉時小呂宋我　國未設領事官

而西人之轄殖民地治煩苛僑氓者亟籌對付之策
請以華人自治略如我桂滇兩省土司之例譯曰甲
必丹得西政府認可投舉以 公應選 公亦以保
護華僑爲己任削苛例拓利權造病室闢墳塲凡有
利於華人者知無不爲遇交涉事尤毅然力争不稍
退讓於戲鄭吉班超之都護西域猶仗漢家威靈而
公直以忠信篤敬行乎蠻貊矣瓜代後 公髯漸

長迴顧子姓觥觥均能成立或蜚聲庠序或踵武市
廛謂是足以釋負擔故年僅五旬遂有班定遠生入
玉門之志癸巳春市輪歸適值鄰近鄉閭鬥氛甚熾
公引以為憂則又舍鄭班而作魯連排難解紛賠
費靡鉅金不少吝惜十年来附城一帶無南鄉之衅
連禍結戕命數百者皆　公力焉家居近二十年拳
拳好施濟無遠近無吉凶無緩急造其門皆量給之

二

無虛願以去其倡修橋梁助築道路義聲藉藉掛人
齒頰一如其在垠時者然此猶其小節也生平卓卓
大者尤在急國之義夫今人一履外地便滿腔有洋
人之氣兇襟窄袖心醉歐風目無漢腊雖士大夫不
免焉 公以販洋起家獨眷眷祖國之心老而彌摯
以故遠而 畿輔之賑捐近而厦防之礮餉首倡報
效動溢千金非深明大義能若是乎 朝廷義之獎

欽同知以子煥章浙江試用知府封如其官光緒丙
午年正月初二日卒於家年六十有五娶梁氏妾例
綿候氏羅把示氏子六女三曰煥章知府附貢生曰
日章國生曰人欣殤長女適郡城法部主事黃公㯋
扶之冡郎訓導祖堉也次待字皆梁淑人出曰煥文
藍翎同知銜例綿候出曰煥高國生曰紹元同知銜
三女未字皆羅把示出男孫十一自煥章出者曰瀛

洲曰寅生曰錫齡曰湯彝曰湯盤自煥文出者曰瀛
波曰念提曰湯于自日章出者曰國材曰淵生自煥
高出者曰鶴齡孫女繁不備載卒之明年十二月十
六日未時塟於南安三十三都五塔巖下之井子山
穴負子拱午兼壬丙分金丙子丙午虛其右以為梁
淑人百歲之藏銘曰
商於夷仕於夷而不變於夷為華人長具漢官儀至

於今僑民之橫遭苛虐不知所爲當益念當年依庇

而釐去後之思固宜天相令德廕厥芳菲偉五花之

神誥綬若若而纍纍

敕授文林郎揀選知縣辛夘科副舉人壬寅補行庚

子辛丑併科舉人通家弟宋應祥頓首拜撰

敕授文林郎揀選知縣壬寅補行庚子辛丑　恩正

併科舉人宗弟曾逌頓首拜書丹并篆蓋

石室居刊

晉江楊樸庵

先生墓志銘

楊樸庵先生墓誌銘

數十年来我鄉人之僑商南洋者趾相踖其能殫精竭慮標紫堆黃者固不乏人然而勞瘁半生僅以華屋美田長育兒孫為怡神悅魄之地嚮慕而趨附之者獨鄉里小兒耳盖利己而弗知利羣宏富而弗能宏義轉眴而草零木朽聲施寂寞達人智士所由竊笑而嘅嘆也楊君樸庵為菲利彬僑界聞人獨能敬恭桑梓有所建樹既正首丘令譽彌彰今葬有

期其子来請銘是亦可銘也按狀君諱亨印樸庵其號世居
晉江新闕外店頭鄉考諱仕温祖諱自珖曾祖諱開三妣李
氏生而居長弟諱亨獅少勤敏以貧故輟學而農年廿七始
渡菲利彬學討然術涉忠履信刻苦自勵不數載遂集資創
設福聯昌公司復自營聯昌號漸豐所入家以少康時君已
授室生子目覩美人治菲教育為重商戰日烈非才莫任亟
令諸子從學督責綦嚴又以鄉校未立子弟失教捐資倡辦

惠犀小學被推為董事長負責揞撑者十載迄今絃歌聲永

栽植多材君之功有足紀者性慷慨好施與而自奉甚儉樂

為人排難解紛人以是敬而愛之邇歲暴寇侵陵憤慨欲絶

解囊輸将不敢後人復遣少子遠遊學兵尤見愛國熱誠余

之所謂利犀宏義君其殆庶幾乎傳家有子未臻大年惜哉

生前清同治辛未年十一月廿五日卒中華民國卅年八月

廿五日為農曆辛巳七月初一春秋七十有一配林氏男子

子五長成基肄業菲島中西學校次成義肄業集美學校商
科三榮焜畢業菲島普智學校四金滿肄業晉江晦鳴中學
五金章畢業貴陽中央軍校女子子三長賢治適高山林應
年次核治適高山林光輝三素香肄業莆田聖路加醫學專
科先卒孫自成基出者男大熙女蕙蓮秀珪自成義出者男
克拱自榮焜出者男永春長泰女淑貞自金滿出者男長裕
女淑賢卒後百日葬鄰鄉古圳廣教山穴坐癸向丁兼子午

分金丙子丙午銘曰
齷齪子甘爲財虜君睍而笑曰何苦樂育英才效可覩嶽嶽
佳兒能步武聲蜚人世骨歸土吾銘以詩垂千古

晋江李鈺撰文

晋江陳澳書丹

上杭包樹棠篆蓋

石室居刻

萬徵君廷壁墓誌銘

吾閩民黨之英揭義旂爲天下倡其踔厲海東飆舉
雲集莫盛於廣州一役率先成仁去矣繼此若萬徵
君廷壁超然以商學相終始亦黨人中翹楚也按萬
氏著籍晉江世居潯美遠祖初齋公明初江右遷來
遵海濱而處至清提帥諱正色立戰功掃清海岳爲
君十一世祖又四世至君王父世賓公生君父所木
公兩世皆娶蔡氏君則民國紀元前四十六年正月

二十三日酉時蔡氏妣出也少有遠志嘗一遊滬甬
不獲展所抱聞　孫總理組同盟於神户曰吾意亦
欲東耳安能鬱鬱久居此耶歲二十八渡日營新瑞
興號商業隆隆然遂為同盟巨擘海外華僑響應如
晨風鬱起北林咸知神户大有人在君則効忠於盟
仍遂物居時靳以裕商者裕國鄂諸功成軍火不[illegible]
與有力焉後神户改盟組黨君以革命先進為之魁
總理尤倚重焉數名困之不起則亟歸故里斥貲

興學闢瑞潯公路建新埭挹充常費凡劈畫周詳斷
以樹人者樹國迄今潯江小學莘莘秀出其津逮後
進者澤悠且遠予不識君近於建國商校得識其喆
嗣長[illegible]述君行誼甚詳闡君曾充中國國民黨神户
支部委員黨政大計反覆詳陳以供採擇及任國民
政府僑務委員會常務顧問僑況商情必貢所聞無
隱誰謂商人無所建樹耶中日戰後君戢影鄉園以
三十二年八月十六日辰時考終壽七十有八嫡配

何生女一適何次配駱不育皆先徵君卒三配沈子
麗泉壽泉已出女二長適施次適王四配陳子天泉
爍基年皆不永生德泉女二長嬪林次幼未字五配
陳子長泉即萬全集美高商畢業孫曰則善嗣天泉
麗泉娶林氏長泉德泉壽泉未娶諏是年國曆十二
月[illegible]日即舊曆十一月初六日午時將窆君於美山
雞母石穴首甲趾庚兼卯酉分金庚寅庚申先期以
納幽之文請為次其略係以銘曰

百昌春熙天無德色於蕃蕪河潤海濡地非傷惠以
覃敷惟君生與造物徒死不可作吾道孤嗚呼屠鯨
逐麑萬骨枯嗜學如君今則亡百年代謝名須臾萬
君萬古潯江濤

南安吴　增篆盖
惠安汪煌煇拜譔
晋江曾　遒書丹

陳[illegible]魏[illegible]

君墓誌銘

陳母魏太君墓誌銘

菲利賓華僑閩人南安陳太翁光純既卒之十年其配魏太君亦卒將祔於翁之墓而合窆焉宜也先期其子厚生女慈義等奉事狀来請銘既辭不獲於是為叙而銘之按狀太君籍思明育於北平年十八為翁配旋隨翁僑商於菲利賓太君知翁非終困

儉約迨老弗渝與人姁姁作家常語
聞有拂逆危難事蘄感若膚受苟有
可以為援務盡力之所能子婦有過
不施譙讓容色愀然知改即止殆所
謂善教在化不肅而成者乎翁既老
歸國之日多自南安官園移建新居
於泉城通政里時生齒滋盛家務繁
瑣太君持之以寬厚濟之以勤敏事

阨無所成就者則旦警夕厲為翁助
不五稔而翁業大振僑界中甲乙目
之翁崇天主教太君信仰尤篤時勸
翁以佈惠行仁年捐鉅金為慈善教
育於是翁之慷慨好義名播海内外
太君亦私以所蓄周卹戚族脱手千
百金無有德色非受之者舉以告人
人固鮮能知之其自奉則至薄衣食

多得體户以内灑然也諸子商於菲
者能繼翁業學成者亦卓然有以自
異慈義守貞奉教倡辦女學巾幗獨
行尤世所難嗚呼席豐履厚如太君
而仁慈勤儉若是子女賢淑正天之
所以為報其亦可以無憾矣生前清
同治九年十一月初二日卯時卒於
思明厲次為民國廿四年四月一日

戊時享壽六十有六齡子榮珺榮楚
榮傳西茂均前卒厚生良平業商興
諒美國瑪利蘭大學理化工程碩士
嘉諒業商若瑟幼殤女慈義前泉州
啟明女子中學校主任春英適邱奕
從香港聖士提反中學畢業生淑美
適吳文良廈門大學文學系肄業生
省立晉江初級中學訓育主任淑璣

適巫果英黄浦軍官學校畢業生陸
軍八十七師師部参謀孫台七台祥
台海南山國文國武國全良秀仁秀
麗稜國章佳秀麗德辛秀麗志孫女
含英桂英麗悌羣省珍珍麗華曾孫
鼎安鼎泰鼎耀鼎增曾孫女碧華碧
瑜碧秋墓在城北執節鋪銘曰
儉若墨仁若儒女宗教家世所無天

國邇矣魂魄愉

晋江李　鈺撰文

安溪陳　澳書丹

晋江邱　立篆蓋

泉城内觀東巷石室居刻

蔡功保先生
暨德配孫孺
人墓誌銘

蔡功條先生暨德配施孺人墓誌銘

昔我老子説道德為上下經玄解奥義標舉非一獨曰我
有三寶一曰慈二曰儉三曰不為天下先則意特明晰而
言之珍重吾嘗謂此三寶之得失實為興衰善惡之所繫
幾見有懷寶而弗得其報者如同邑蔡翁功條夫婦非其
明證乎翁為深滬鎮坑西村人芳膽公之長子娶施孺人
出潯海巨族為名諸生華峯先生之妹翁少孤苦長習農
耕與婦耦家故貧惟薄田數畝耳窮年勞瘁且無以為生

翁顧薄以自奉怡然泊然無凍餒之憂性嗜善而好助人有以物力求者靡弗應人多心感翁與孺人舉無德色既不責報亦未嘗以其事告人故人鮮知之者異哉慈不沽名儉靡失義以此責之豪紳鉅賈猶有難色而匹夫匹婦居窮守約乃優為之雖曰庸行亦已難矣翁口訥寡言辭平居勸導鄉里少年惟曰毋上人毋為權首而已有鬥爭者就翁質曲直翁大呼曰能忍讓者為豪傑直在此而曲在彼矣人感其誠事多寧息比其子勲土勳椗勲兼等先

後行商於菲島翁輒訓之曰毋嗜得以強求毋罔利以自
私為人為己之道備矣余乃知翁之所得於老學柔美之
道者深矣翁以民國十六年卒享壽六十有一孺人治喪
葬能盡禮時諸子在菲者業日豐家稍裕孺人顧勤儉如
翁窮乏之時同懷姊適南安石井許孝廉鵬早寡孺人周恤
之甚厚祖祠傾圮不惜獨力修建此又好行其德既與翁
同翁媼皆善人雖未臻上壽而子孫隆盛天之報之且未
有艾也孺人後翁二十年卒享壽七十有一子男五長勲

涵四勲吉均殤三勲椗先卒二即勲土五勲兼女四長慰
治殤次每治適古坑陳氏三銀治適科任陳氏四珪治適
下曾坑王氏孫八自勲土出者奕求奕綿奕章奕錦奕對
自勲椗出者水冰志堅自勲兼出者振芳翁始葬本鄉衡
獅山今孺人附焉禮也銘曰
翁葬廿載銘猶闕事非敢緩待必得二子貨殖奮南荒功
則歸親恩罔極生有同心能積善死則同穴神怡懌誰歟
大筆為表阡我先銘幽彰厥德

晋江李　鈺撰文

惠安陳祥耀書丹

建甌林逸生篆蓋

穴坐辛向乙兼酉卯

石室居刊

樂宜陳先

生墓誌銘

石室居刊

晉江第三區愛群聯保主任樂宣陳先生以
中華民國廿六年十月廿八日即古曆九月廿五日巳時卒
於家越數日其冢嗣明炳具狀徵余為銘其幽曰先君交游
雖不乏人然能悉其生平狀其行義非先生莫屬願毋辭余
不文然與　翁交最久其子侄輩又辱從余游主賓之誼其
胡能辭謹按　翁諱昭伙字頎生一字如庵樂宣其號也先
世由莆陽遷居溜澳鄉五傳至宇茂公分支洋下鄉坛後遂
世居焉　曾祖存禮　祖國畹　父厚齋俱以農世其家厚
齋公有子七　翁其三也少岐嶷從塾師讀才識逾儕輩性

磊落不事矜持弱冠父命治商業遂設肆於鄉貿遷有無里
有巨賈物色之聘主出納考績加益重之由是家寖裕 翁
事親孝甘旨之外復能曲意承志以悅親心不徒爲口體之
養也處兄弟尤篤愛有恩至老無違言視侄猶子教養一如
所生嗟夫近世網紀弗張孝友如 翁求之商賈中其可得
乎年逾壯南游菲律濱多才善賈不數年積貲累萬顧 翁
不私其利舉凡公益事靡不樂輸親友告貸施與亦不吝其
慷慨有如此者中年以後頗倦風塵因治裝北返并挈家移
居福全構屋於城之東隅翬飛鳥革頗具觀瞻與余家僅數

武之隅朝夕過從尤頻　翁蒔花藝竹頤養天真不復作商
人重利之想洵可樂也居無何溜灣海外俗名栲栳東有電
船一艘冲觸於此人幾溺幸漁舟往救得免而船主竟誣以
截劫罪抗於官派隊臨鄉捕緝案犯并責償數萬金聲勢洶
洶　翁以桑梓攸關出為申雪案白鄉人德之而　翁未嘗
有矜色民國廿四年政府頒行保甲法　翁被舉為聯保主
任柳下惠不卑小官豈干祿哉歷任三年不避勞怨其排難
解紛化除畛域尤其小焉自蘆溝橋倭人啟釁四郊多壘國
難方殷聯保所負責任益復繁重　翁義憤填胸夙夜不遑

積勞成病對家人猶諱言所苦强起從公蓋　翁素有哮喘之疾時作時止歸國後病已大减此次以要公赴區署會議歸途遇雨感受風寒舊疾復作纏綿累月竟以此而殞其生詩曰哲人云亡邦國殄瘁以　翁努力家國奮不顧身庶幾其足以當之德配吳夫人下寮鄉金煥公女也與　翁結褵逾四十年白頭偕老亦難得也簉室某氏在菲律濱置當歸時效白樂天晚年遺楊枝故事貲而歸之子三均吳夫人出長明炳任溜江小學校長次明玉又次明長俱商於菲律濱女二長碧雲次碧英側出俱待字孫四祖澤祖儀祖昌祖陽

女孫五碧霞秀棉雪霞秀聰紫霞俱未字　婿以清同治癸
酉年六月初一日子時生享壽六十有五今將以十一月十
六日即古歷十月十四日塟於洋下鄉大岸後之原穴坐亥
向巳兼乾巽分金丁亥丁巳　爰為銘曰
匪學而才誰之畀是貫而儒迴出類貨殖起家急公尚義熱
心毅力暮年壯志歸骨於斯幽光不墜令德滋遠子孫昌熾

宗愚弟　重光撰文
世愚弟劉承堯書丹
世愚姪李雲西篆蓋

壽亭施君墓誌銘　宗弟施乾撰文並書丹篆額

昔歐陽文忠公表瀧岡之阡，必迨至六十年後，其緩而有待者不
特紀錄德較為詳，蓋且所揚光大處在後人，尤足增光家乘。族
姪性純昆季將啟窆，其先人具狀馳函請補銘，此亦猶行古之
道也。君諱至添，字海籌，號壽亭，世居晉江之坫頭鄉。曾祖存仁，
祖孝篤，考厚慶，有丈夫子五人，君其三也。習舉子業，上[illegible][illegible]從
儒紀於學子才，既命當運不得志於有司，憤[illegible]穿騷去，而學賈，非律
[illegible]密通[illegible][illegible]者若簡。君履其地，與傭保雜作，見者不知其為
讀書種子也。以運籌為衆所信，入猶豐秣，累寸與人合營商業
有數年而腰纏萬貫，歸營第宅，植短衣至斤督耕農，[illegible]見者不知
其為僑商貫也。中年後性純兄弟相繼出洋，君亦如上之策

頤養天和生平無飾[illegible]飾行與人交久而能敬自奉甚約僅無毛
舉勤無倦休獨於鄉鄰周恤揮斥金錢絶無吝容德色豈所留意
已豈人者非斷予於　君為昆弟行又屋同里閈知其行誼甚悉
銘此之文我曷敢以辭　君生前清咸豐庚申年十月十九日辰
時卒民國壬戌年元月廿八日戌時春秋六十有三先娶洪生子
六性鈞性鐸性湛均幼殤性純中國國民黨菲律濱總支部監察
委員為僑商巨擘逸生立法院委員性業商女三新治適王菊
治未嫁卒番治適黃自林　出者男一性参先　君卒男孫九自性
紓出者三人自逸生出者二人自性　墨出者三人自性泮出二女
孫十曾孫男女六古所謂有於其躬而又光大其子孫者　君之謂
與洪林兩夫人均賢淑能助内民國二十六年丁亥十一月初八

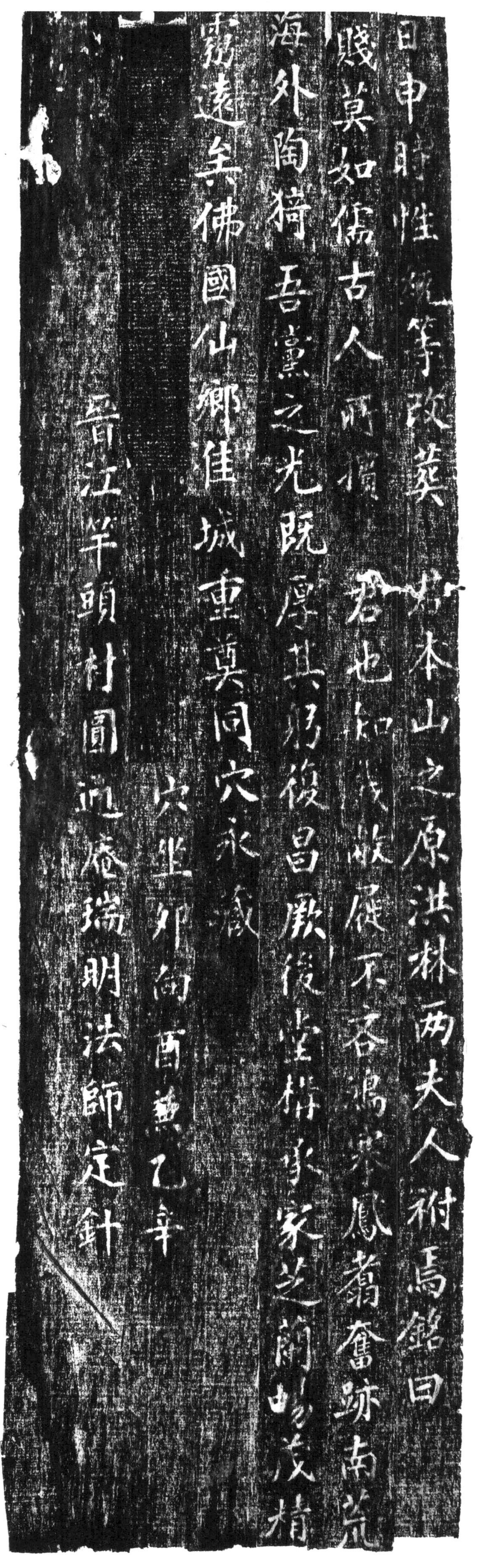
日申時性純等改葬于本山之原洪林兩夫人祔焉銘曰
賤莫如儒古人所損 君也知賤敝屣不吝鴻舉鳳翥奮跡南荒
海外陶猗 吾黨之光既厚其所復昌厥後堂搆承家芝蘭暢茂精
靈遠矣佛國仙鄉佳城重奠同穴永藏
穴坐卯向酉兼乙辛
晉江竿頭村圓通庵瑞明法師定針

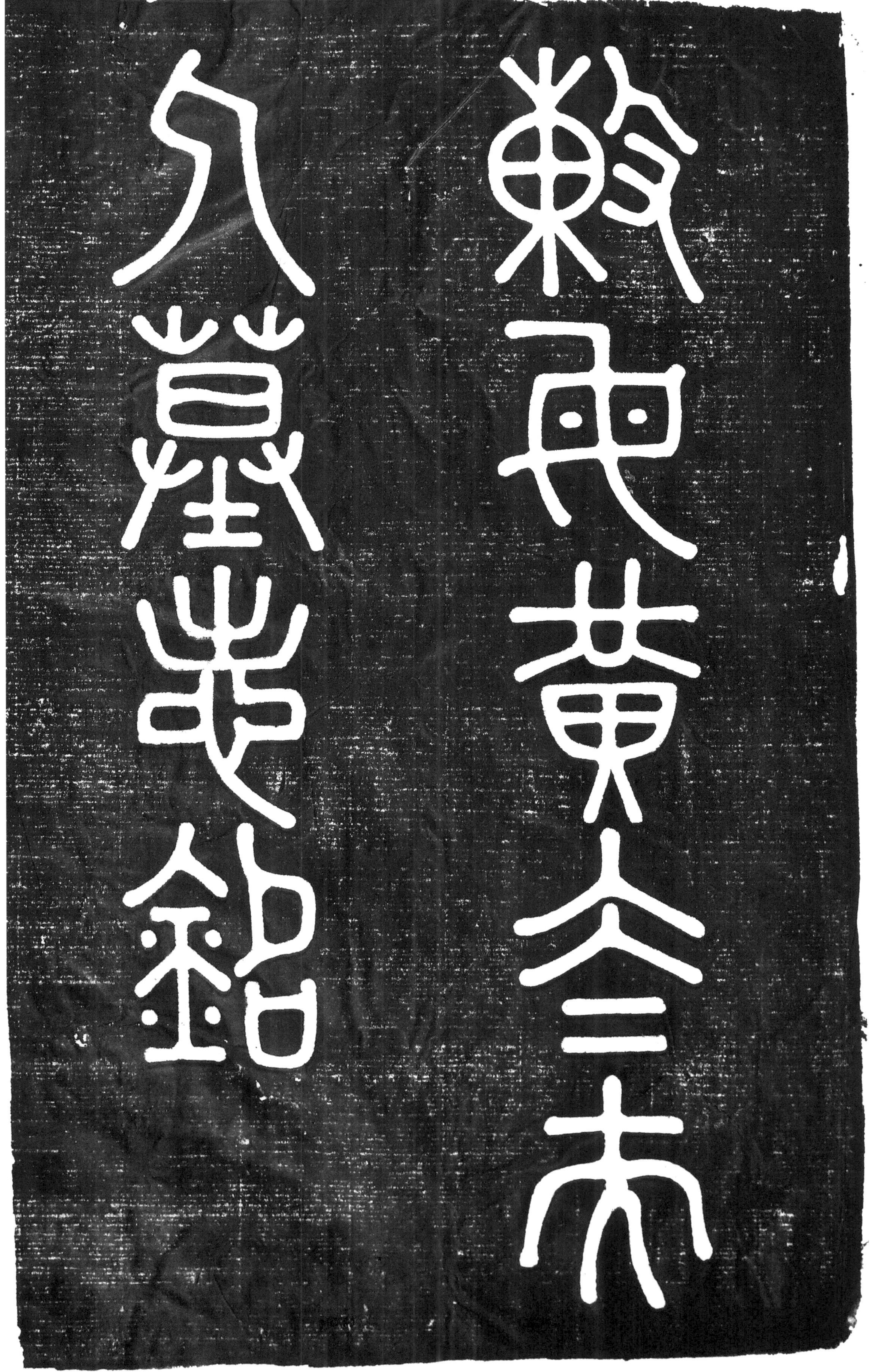
敕命黄太夫
人墓志銘

陳母黃太夫人墓誌銘

我友陳貽矩將以民國二十六年夏四月廿二日葬其母黃太夫人於邑之廿一都廟下鄉壠湲坡之麓穴坐坤向艮兼申寅從形家言也先期來徵銘既辭不獲爰即事有衆徵者爲誌之曰民國六年冬十二月初九夜天寒甚豐州學

校已給寒假予留校未歸四更初城中槍礮聲哭起屋瓦為震時駐軍僅數十勢危甚貽矩乃子身乘城跳出請拯事旋定訛言迭至貽矩欲避之海外顧以母老為憂躊躇未即去太夫人促之曰汝急於救人是我志也我知天不負汝行矣勉之後十年歸來吾尚健全無恙

也貽矩乃脱身往南洋之柔佛屬豐盛
港建設柴廠未幾而信用大著太夫人
復時時寄書勉以毋忘祖國故貽矩於
内地興學救災剿匪抗敵諸義舉無不
竭力為諸僑胞倡即彼地諸義舉亦引
為己任而不辭於是義聲遠播被舉為
華僑會長中國國民黨柔佛邦支部執

監委分部常委復爲中央僑委會顧問
知者謂非淂太夫人豫教之力不及此
後民國十四年夏貽矩歸省太夫人復
促之去曰汝能知愛國隨時隨處皆可
爲國効勞胡爲偏促故鄉行矣勉之毋
後十年歸来吾亦健全無恙也貽矩於
是挈其孥以往而爲愛國之運動益力

大為黨國諸要人所器重二十四年秋
七月太夫人九十一帨辰前執政段公
主席林公委座蔣公及國府諸鉅公皆
寵錫嘉言以表人瑞貽矩既拜受歸献
堂上太夫人果健全如初家庭至慶喜
可知也頤謂貽矩曰溽海內一二長人
碩德贈言已為莫大榮施況其多若此

二

誠爲一時盛事不可無以張之惟近者
山洪暴發沿溪災民甚多不如節其費
以賑之乃斥貲五百金捐於救災會以
爲各地人士表率而民得有鳩居久之
貽矩無復南渡之意適彼地商務糾紛
函電迭至促之往終不聽太夫人復詔
之曰此事既非汝莫解不可以不往惟

浔歸便歸我不欲如前與汝十年為期
也汝其誌之至誠可以前知越廿六年
春二月十一日寅時遂以微疾告終距
生清道光己巳年七月廿八日酉時春
秋九十有三弥留之際謂家人及其義
子王清池洪志超曰為我告海外諸子
孫為人當勤儉耐勞苦我年將及百正

終是福無遺憾也嗚呼何天懷之曠達
而詒謀之深遠乎非凡可及矣太夫人
為南安美林鄉黃重蔬公次女年二十
歸同邑陳瑕齋公入門奉舅姑和妯娌
六姻三鄙皆稱曰賢有子男三人長貽
矩先娶林繼娶吳次貽河娶葉均歿次
貽峙先娶黃繼娶吳女二人長適黃怡

顗殁次適吴庠碩孫男八人自貽矩出
者宗垣殤安邦娶蔡自貽河出者宗望
殤宗楓娶吴定國娶朱自貽峙出者天
眷娶莫烱煒烱文女孫四人曾孫十人
奕煉奕昆奕仲奕志奕雄奕良奕耑奕
崇奕謀奕忠銘曰
巾幗中人鮮知大義慧如姜母當歸遠

寄慈如温母掺裾雪涕惟母卓識迥出
恒情潮流險惡勉子遠行地無阻遠權
有重輕捍災救時其德甚大海外歸來
無菑無害年可必浔驗若著蔡勒銘於
幽垂為女誡

世愚姪吴　增譔文
世愚姪許宗嶽書丹并篆盖

蓮塘陳醫山

先生墓誌銘

蓮塘陳馨山先生墓誌銘

士君子素位而行不求官達而能敦氣誼揚文化抒忠愛善謀詒如馨山先生者其志量為不可及矣先生諱澤香號馨山出陳太邱長之後曾祖誠園公縣學例貢生祖光騰公儒士父世琛公業商先生序三世居南安三十一都蓮塘村先生自幼鞠養於祖母孤苦零丁讀陳情表烏私終養一言輒三復流涕及僑居作商雅重

聲氣故鄉人有失業無依者提拔之沾溉之使
謀生得所居恒常以輟學就商不獲顯揚先代
為憾命冢嗣存南繼承先緒庶克光閭仲郎存
瑶則學師範學法政以服務國家當同盟會用
事購買英法文革命債劵贊助革命鄉隣有爭
鬥者則為之委曲調停使存南周旋其間每值
春秋社日雞豚斗酒共話桑麻致足樂也從弟
陳佩玉旅長倡辦蓮塘學校與董工役都人士

俱艷稱之民十一討賊軍入閩北軍反正克復
泉州存瑶實與有力蒙省長林委署南安縣長
民十四襄助厦門中山中學創辦武榮中學實
施黨化教育造就人材良多北伐軍興領導青
年戮力革命工作後雖險阻備嘗屢躓屢起先
生曰為國宣勞子其勉之不遑將父勿慮也蘆
溝橋變起存瑶由京返閩從事救亡運動越年
奉召赴漢在珞珈山中央訓練團受訓蒙團長

蔣委座授以中央派閩戰時民運指導專員之職分發田省工作間從同昆瞻依膝下先生時以勤勞國事毋負領袖訓言為勗時艱孔急憂憤交乘易簣時遺囑處民族存亡絕續之秋爾曹當移孝作忠努力抗戰建國二孫在重慶供職可免奔喪嗚呼強虜未翦先生遽返道山其忠愛之忱沒齒不忘如此先生德配黃氏繼娶何氏有子男二存南娶林繼娶尤娶周存瑤名

瓊娶黃女三只治適美林黃鐵治適山外林均
黃氏出秧治何氏出未字現從事教育孫男六
自存南出者華棟娶洪忠炭先歿進化乘九孫
女雪英碧英麗英自存瑶出者宣耿娶黃超雄
曾孫男孟夏曾孫女醒夏宣耿出先生生清咸
豐庚申年閏三月初六日酉時卒民國二十八
年三月十六日戌時春秋八十齡今以本年五
月十六日安葬于蓮塘村鄭厝山柯厝邊之麓

穴坐癸向丁兼子午分金丙子丙午

銘曰

西溪之濱有蓮塘文風丕振武維揚杖朝一
老多贊襄愛護黨國中徬徨疆土摧殘惱扶
桑幾時民族能自強掃盡妖氛無欃槍樓蘭
未斬心滋傷公竟騎龍白雲鄉芳徽云遠留
型章我銘不朽山川長

世愚弟吳　增譔文

世晚姪黃醒夫書丹

世晚姪陳敦貞篆蓋

泉州觀東巷石室居刻

陳麗軒先生暨
德配嘉勤黃淑
人墓志銘

陳顧軒先生暨德配黃太夫人墓誌銘
藍園陳大令屏青既葬其太翁黃太夫人於
大山之麓未有以光諸幽乃以墓銘屬諸鍾
因鍾先君曾任翁西席與大令兩少同窗歡
若昆弟課餘熟聆翁之言論手采知其行誼
特詳也翁諱天眷字禜西號顧軒蓋取夫顧
我深恩罔極莫報顧天明命惠吉逆凶顧影
自慙不學無術諸義觀其晚年築還讀軒其

志益可見矣父光魯公早卒母李太夫人撫
翁為嗣愛逾所生十歲時與壓歲錢十二文
年餘仍以奉母諸伯叔聞之曰此子稚年能
耐儉苦他日必昌吾家入私塾三年屬詞比
事即通大義因家貧輟學渡菲島謀生計當
時郵政未興華僑通魚雁者必擇人而任翁
忠誠素著計程按期未嘗或爽人以是多稱
讚之光緒壬寅航泉廈輪没於秀塗由信局

匯兑受損失者皆諉諸天數甚或藉詞而乾
没之翁是期寄匯之款二萬有奇洪喬之沈
四千而弱獨以信義爲重一一如數補償之
有此坦然不昧之良心宜乎信用愈彰寄託
愈衆利權亦愈獲倍蓰也翁外行既見稱當
時而内行尤足勵薄俗本生父母在芙蓉鄉
甘旨温清就養無方海外歸來率先候起居
以爲常復出資置祀田助諸昆營商業俾至

成立而後安其篤親有如此者十世祖環峯
公墓祭掃久廢標識已湮翁始謀所以脩之
而荒山叢雜莫從辨認日夜焦慮焚香祝天
忽夢先靈示以墳址質明求之地點依然啟
墳視之姓名符合書云至諴感神信矣哉然
而能成已者未必能成人也有私德者未必
有公德也先是翁族頗有外侮翁思非讀書
不能勝環境時諸郎尚幼他務未遑建來紫

軒為義學充書田助膏火延名宿為之師命
族中群季肄業焉後令堂弟榮智登上舍榮
紹遊太學榮均舉茂才令堂姪台雲台鳳畢
業省垣英彦輩興復得大令為之後勁皆翁
樹人之功也族既大而繁蹊田奪牛之事恒
不能免翁為喻以義理教之禮讓使各得其
平而去鄉之人咸樂從之風俗因以丕變非
所謂薰其德而善良者歟且其持躬若山岳

守身如處女與人恭而嫉惡必嚴用財疎而
分外不濫昧爽而起課督耕讀居行不以僕
從随服用不染豪華氣暇則與父老話桑麻
課晴雨以為歡自忘其為富貴中人人亦罔
識翁之富貴親故有規其清約者翁曰吾非
不樂鮮衣美食顧富不與惰期而惰自至貴
不與驕期而驕自至吾既無以教化子孫尚
欲長其驕惰乎其貽謀之遠大又如此者若

夫見義當仁勇為不讓既明且哲臨屯而康
他人之所難皆未足為翁異也德配黃太夫
人性勤儉好施與翁將遠遊屬之曰上有母
下有子悉付汝矣太夫人以婦道而兼子道
以母道而兼父道悉秉夫訓人無間言妯娌
敦雍睦之風家庭絕詬誶之事待臧獲無疾
聲厲色供賓祭必致敬盡誠德雖中庸在女
界中真難能可貴矣翁生清咸豐辛亥八月

二十日申時卒民國九年庚申九月十八日
亥時享壽七十黃太夫人生清咸豐壬子八
月廿三日酉時卒民國十一年壬戌六月二
十日酉時壽七十一子四長台綵習弓馬先
翁卒次維藩業農三維則繼志述事允稱賢
象四維垣福建官立法政學校畢業援例加
道銜代議制興獲選省議會議員兩宰永春
縣篆調署長汀以赤燄方張未就今省政府

諮議養親以志顯揚而光大之為政家國明
敏幹練蓋得力於庭訓深矣女二長適冷內
蘇次適鋪后蔡孫二十二人自學武出者三
鼎烱鼎文鼎道自維藩出者四潤澤鼎玉信
泰恒泰自維則出者十一鼎琴鼎美從頤泮
水四萬共和明新日新瑞良古然瑞源自維
垣出者四鼎彝鼎盛鼎鎮鼎銘女孫七人神
怡頵治出自維藩珍治寶珠龍珠出自維則

冰心冰如出自維垣曾孫二十五人便宜會
水雨水波水天命添輝卿豆其琛其璋德璋
加祿登山少山國慶國樑卿雄卿賢卿璜文
峰德生德育德馨[illegible]族卿儒卿霖曾女孫十
四人元孫哲民繼繼繩繩方興未艾也穴坐
辛向乙兼戌辰卜於民國二十七年臘月納
石幽宮因敘次事狀而繫之以銘曰
皎皎陳翁玉比溫扶搖南溟大厥門積善歟

福知先務聚而能施仁義附承家揚名有令
子蔗境彌甘天所予當年萊婦稱同德同穴
仍敦琴與瑟既安且固利嗣人幽光潛發炳
辰星

世姪潘　鍾撰文
宗姪陳　澳書丹
世姪黄　炎篆蓋

泉州石室居刻

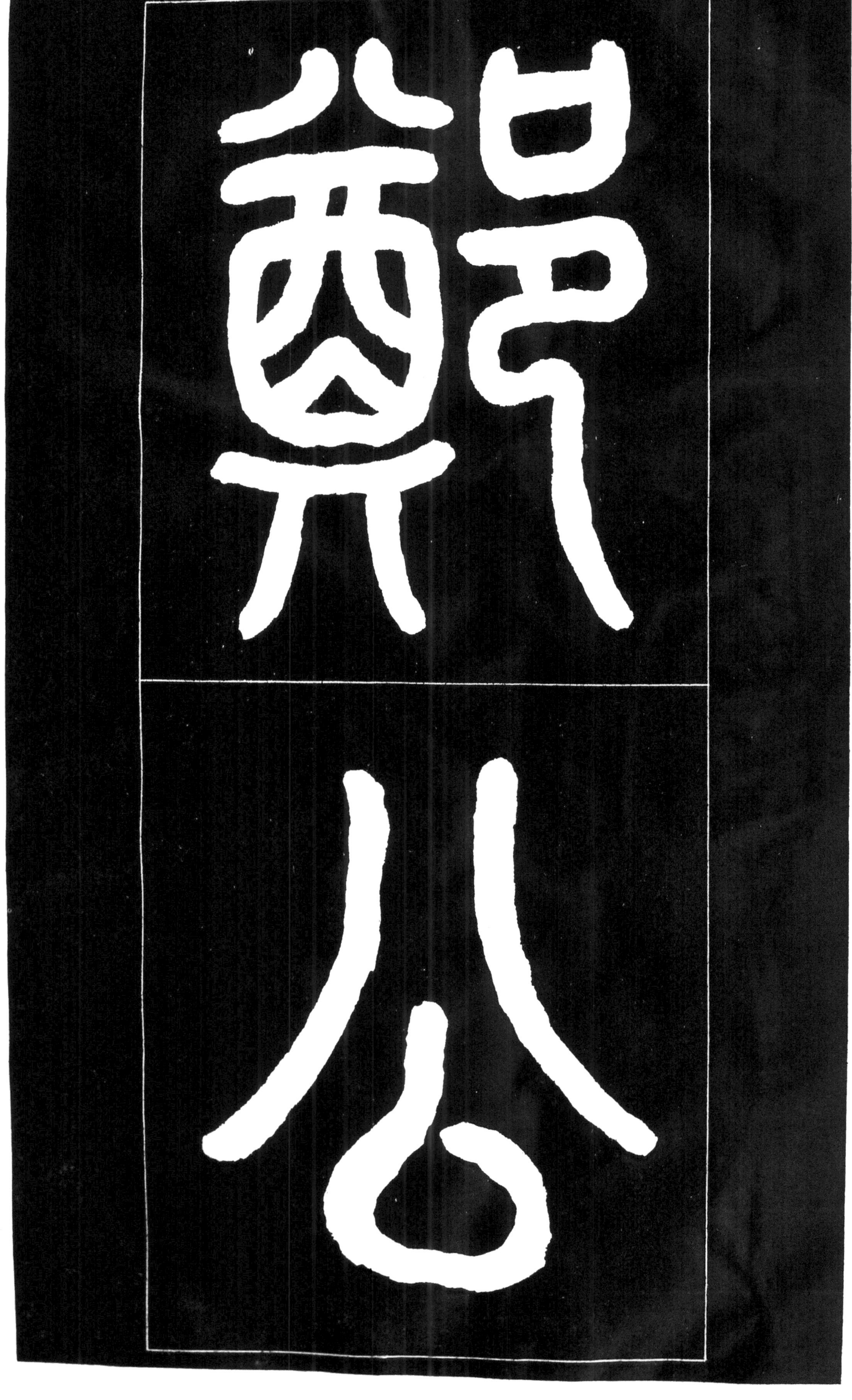

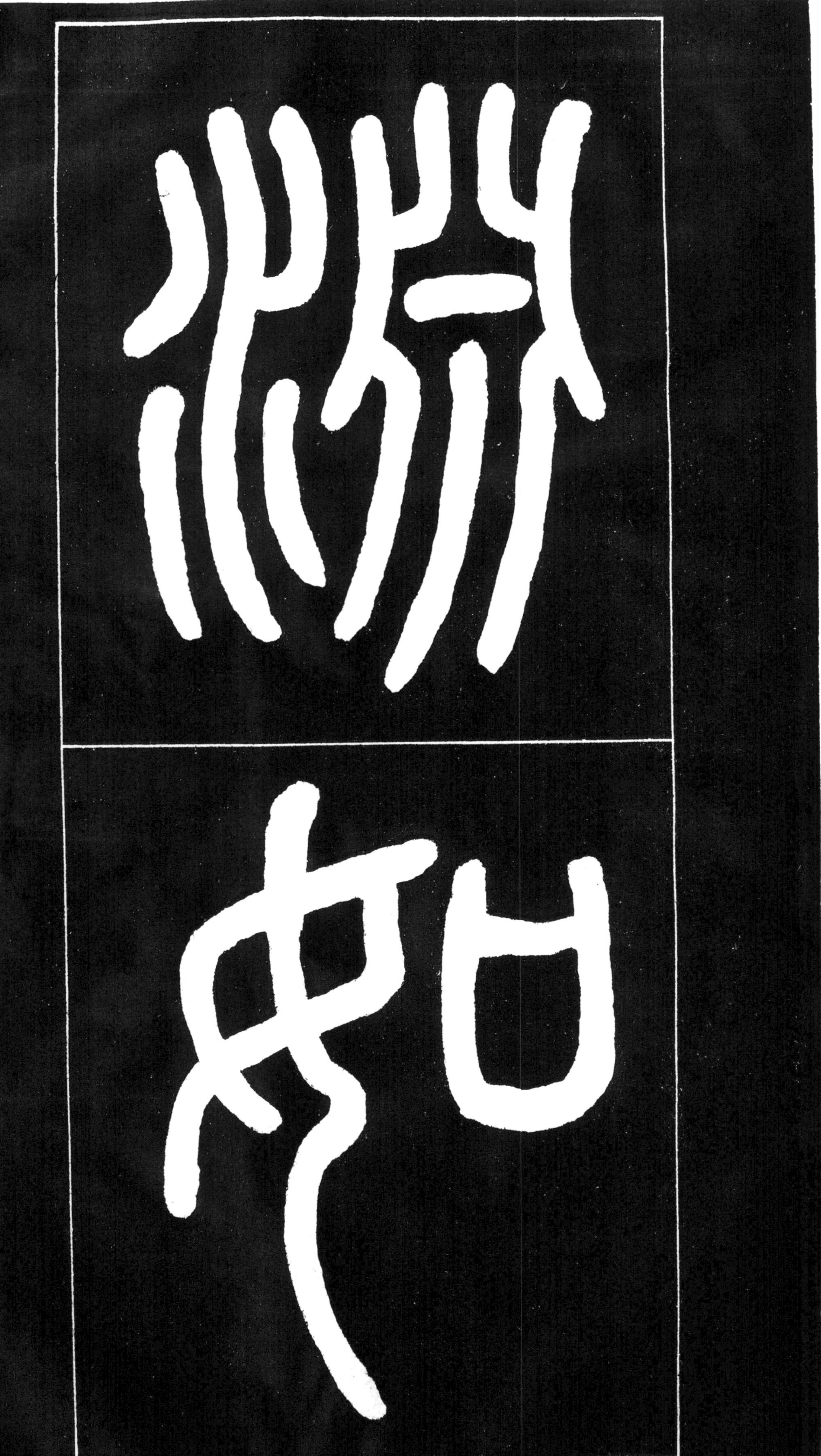

墓

志

永春鄭公淵如墓誌銘
三山吳增祺撰文
長白寶熙書丹
黃巖喻長霖篆蓋
公諱渭年字世得號淵

如莆田鄭氏為先儒夾
漈先生後始祖敦厚公
明季由莆田徙永春因
以夾漈名其鄉自七世
祖以上皆力田八世祖

伯良士公於康熙初登進士其後登科甲者相續遂為永春望族父巍亭公有隱德公年十三聰穎異常兒時福鼎有

祖遺商業公自請於父
願往司其事父許之逾
年業大進父聞而喜之
曰此子必大吾家吾無
憂矣公事祖双父母皆

先意承志能得其歡心
事兄葛如公甚恭兄性
嗜學不遇所以望其子
者甚至公體兄意乃命
其猶子淑麟肄業日本

早稻田大學愛之與己
子無異辛亥而後地方
多故乃倡辦團練捍衛
閭井一鄉賴之統帶閭
公廣威極器重之有事

數至公家諮焉稱為永
春屏障其後公就其子
王書養赴廈門臨行鄉
人遮道挽留蓋恐公去
而一鄉無寧日也在鄉

嘗倡設夾漈高小學校
成績甚著又創立淵如
學校費逾萬金公一人
力也公於同治丁卯四
月生越五十有九年乙

丑四月辛丙娶皆南安
洪氏子四玉書玉麟祥
麟前洪夫人出鍾麟後
洪夫人出女二均後洪
夫人出均適洪氏孫十

揆一啓超玉書出啓深
啟熙啟良啟謙啓泰玉
麟出啓訓啓耀啟謨祥
麟出玉書官廈門道尹
有政聲士民愛之將以

某月某日葬公於本鄉
長崙尾先期來請銘謹
按公生平志行俱應銘
法爰誌其梗概而納諸
幽并系以銘其詞曰

夾漈之鄉粤有善人仁
以及物義以立身砥行
不息時與道鄰位雖不
顯名則不湮後世有述
視此貞珉

思

母

陳寶琛為
鄭生玉書題

鄭母洪太夫人墓表
永春鄭生玉書曩嘗
及余門今年秋道沽
上来謁出所為洪太
夫人行畧以墓表請

泣而言曰玉書生十
五年而吾母沒其時
先君方旅食玉書與
弟玉麟祥麟皆幼飾
終之禮多未備也先

君之喪後吾母其生平具吳君曾祺所撰墓誌而母氏弗詳母氏無奇節以玉書所僅知而能言者則皆

門内之庸德也若得
先生之言表吳君所
未及俾鄭氏世世循
爲婦則斯吾母爲不
死矣按畧太夫人系

出南安洪氏贈中憲
大夫江淮公之孫邑
庠生致敬公之子年
十九歸鄭君淵如其
時江淮公以商業雄

一邑稱巨富太夫人
生長名門且體孱善
病舅姑矜之不令操
勞太夫人曰婦有職
何敢曠也晨昏奉侍

外大而祭祀賓燕小

而烹飪澣濯奠不躬

親舅嘗患頸疽日再

敷藥昧爽更進補劑

六閱月無失時連喪

父母則愛弱弟稚妹
而篤撫育之人稱已
嫁之女盡心父家罕
如是者則性情之摯
也早超督子女嚮學

夜則篝燈自課館師
飲饌多縣手治遇風
雨則分餉及附學者
家務既般親族復以
鍼黹相干不忍辭其

自奉迺又至約因病
戚中餽海外參輒以
飲家人紈綺盈笥所
服多補綴之衣劬多
頤寡暈疾閒發發則

伏枕不御食飲少愈
復強起治事如故則
尤行己之毅也光緒
辛丑舅巍亭公無疾
而終淵如公兄弟客

未歸伯姒又在產蓐
中內外事一身任之
終以過勞致病病中
又哭殤女益不自支
初太夫人嘗為玉書

聘洪氏女至是自知
不起執玉書手語之
曰自吾為汝家婦十
餘年至今幸免愆咎
令爾等未有立而新

婦且慳予一面天乎

命也哭失嚴未幾遂

卒年甫三十有五玉

書又云母氏沒二年

餘玉書即授室補邑

弟子員又年餘生丈
夫子及入仕迎養吾
父任所益念母劬乃
使人建亭墓側額曰
思母然而母子之志

皆至足悲也予謂人
子有不忍死其親之
心則慈與孝且相永
於無窮夫何幽明之
有閒哉今太夫人雖

未享中壽而子姓蕃
衍報在身後天之旌
德爲不虚矣用徇鄭
生之請書以揭於阡
亦俾世之修婦德者

無歝於善慶之理云
歲在上章敦牂仲秋
之月閩縣陳寶琛表
閩縣鄭孝胥書

閩人墓誌拓本集（全四冊）

陳盛明 輯

廈門私立海疆學術資料館裝幀

一九四六年十月

附録一

閩南華僑史資料一臠

——華僑墓志所反映的史實

（上）墓志的史料價值及華僑墓志

墓志所以記叙死者的家世及生平。過去社會上稍有地位的人，死後其後嗣必請文人學士之流，爲其撰寫墓志，來表彰其先人。撰寫的人，受人請托，其筆下難免帶有『諛墓之辭』，爲死者塗脂抹粉，揚長避短。但既要寫其生平，就不能太脱離事實，叙述可能有誇張或掩飾，基本上還得有所根據，表露出其本來面目。衹要用歷史唯物主義的觀點，加以分析研究，去僞存真，去蕪存精，仍有不少史實，可供稽考。即使不純是第一手資料，有的也接近第一資料，不應因爲它雜有瑕疵，而忽略輕視。墓志、族譜之類對於治史者來説，還是應該肯定它具有一定的史料價值的。

解放前三年間，我在厦門私立海疆學術資料館，曾注意搜集近代福建人墓志的拓本，收得一百多種，裝幀爲《閩人墓志拓本集》四册（此書現存厦門大學南洋研究所資料館）。絶大多數是閩南人士的，屬於華僑及僑眷的近二十種。兹爲提供閩南華僑資料，特把該集中華僑墓志的抄稿，并增補編集後所收的幾種，初步整理一下，作爲華僑墓志的抽樣調查，剖析内容，鉤引排比，分爲若干問題，加以引述，以見一臠。有條件作墓志的，多屬華僑社會中上層人物及其眷屬，這裏收集的計24篇，志26人，旁及其子孫。他（她）們的時代，最早的生於1841年，卒於1906年，最晚的生於1893年，卒於1950年，爲清季至民國時代的人（其實兩人死於1950年，基本上還是生活於民國時代的人）。籍貫爲泉州市和晋江、南安二縣，在當時爲晋南兩縣籍人。所寫的雖衹兩縣二十多人，而千百華僑中，其際遇、情况有不少和這些人類似之處。這二十多人，在華僑社會歷史中，尤其是上中層華僑中，自有其代表性。

這24篇墓志的標題及作者如下：

（1）誥授奉政大夫誥封朝議大夫賞戴花翎試用治府曾公墓志銘（晋江旅菲華僑曾大眷，1841—1906年）宋應祥撰

（2）曾母梁太淑人墓志銘（曾大眷妻梁氏，1850—1908年）黄搏扶撰

（3）皇清例授徵仕郎累修封職郎誥封資政大夫賞戴花翎晴岩黄君墓志銘（原籍厦門遷居泉州旅越華僑黄文華，1845—1901年）李清琦撰

（4）清一品夫人黄母鄭太夫人墓志銘（泉州旅越華僑黄文華妻黄仲訓母鄭氏，1855—1915年）吴增撰

（5）懿惠蔣母黄太宜人墓志銘（泉州旅印尼華僑蔣剛峰妻黄氏，1863—1916年）吴增撰

（6）陳顧軒先生暨德配黃太夫人墓志銘（南安旅菲華僑陳天眷夫婦，陳 1851—1920 年）潘鍾撰

（7）懷德柯府君墓志銘（晋江旅菲華僑何懷德，1833—1922）莊子鶴撰

（8）壽亭施君墓志銘（晋江旅菲華僑施至添，1860—1923年）施乾撰

（9）欒莊黃君墓志銘（晋江旅菲華僑黃秀烺，1859—1925年）吳增撰

（10）清誥授中憲大夫紫亭李君墓志銘（南安旅印尼華僑李功藏，1869—1928年）吳增撰

（11）守耕莊先生墓志銘（晋江旅菲華僑莊汪乞，1864—1932年）莊崑撰

（12）守耕莊君暨德配陳孺人合葬墓志銘（晋江旅菲華僑莊汪乞夫婦，婦 1866—1933 年）蘇大山撰

（13）文德蔡先生暨德配林太孺人墓志銘（晋江旅菲華僑蔡明盤父母，母 1860—1932 年）吳增撰

（14）柳步堅先生墓志銘（晋江旅菲華僑柳步堅，1871—1933年）曾遒撰

（15）萬徵君廷璧墓志銘（泉州旅日華僑萬廷璧，1855—1933年）汪煌輝撰

（16）陳母洪太孺人墓志銘（泉州旅印尼華僑陳正宗母，1869—1933年）吳增撰

（17）陳母魏太君墓志銘（泉州旅菲華僑陳光純妻魏氏，1870—1935年）李鈺撰

（18）陳母黃太夫人墓志銘（南安旅馬來亞陳貽矩母，1845—1937年）吳增撰

（19）陳厚德先生墓志銘（晋江旅菲華僑陳明印，1861—1938年）陳重功撰

（20）楊樸庵先生墓志銘（泉州旅菲華僑楊亨印，1871—1941年）吳增撰

（21）清濛孟威沈君墓志銘（晋江旅菲華僑沈宣令，1867—1941年）吳增撰

（22）南安奕住黃先生墓志銘（南安旅印尼華僑黃奕住，1868—1945年）蘇大山撰

（23）吳母慈慎楊太君墓志銘（泉州旅印尼華僑吳星槎妻，1873—1950年）黃樾撰

（24）晋江雷山御林樸原尤君墓志銘（晋江旅菲華僑尤芳積，1893—1950年）周韞山撰

（下）幾篇華僑墓志所反映的問題

本節分爲幾個問題，摘引所收各篇墓志的材料，先綜述，後歸述，再歸納，來看看他們的歷史情況；并按上節各篇墓志的編號，作爲注明材料出處的號碼（如引用材料下附（1）的，即引自第一篇曾天眷的墓志。下同）。

一、家世、出國原因和情況

曾天眷：『考愧吾公，操儒業。』（1）

『公甫冠，即渡南洋之珉希肭。』（1）

『先是翁（指梁氏之夫曾天眷）以生計絀，賈於珉，二十餘歲始歸娶，……翁以家貧親老，出處難爲計，太淑人（梁氏）毅然慫之行。』（2）

黃文華：『幼失枯恃（死了父母），家貧甚，乃弃觚（不作讀書人）就市（到商場），習計然術（學做生意），弱冠渡安南，依同鄉黃少濤。』（3）

蔣剛峰：『家故貧，謀生泗水。』（5）

陳天眷：『因家貧輟學，渡菲島謀生計。』（6）

柯懷德：『祖表安公，公垂軒公，俱業農……長成後，垂軒公逝，公承先業，……治家克勤克儉，餘積假於鄉，……奉母終年，始經商菲律賓，往返數次，囊均不虛。』（7）

施至添：『習舉子業……連不得志於有司（屢考不中），憤懣牢騷，去而學賈菲律賓……與傭保（雇工）雜作，見者不知其爲讀書種子也！（8）

黃秀烺：『幼失怙恃，讀書未卒業，隨兄秉猷商於甬（寧波），兄歿扶櫬（棺）歸，而家漸落，於是發憤往菲律賓，爲族人記室（書記）。』（9）

李功藏：『舊有商業在荷屬之吧達維亞，年十餘，父廷芬公挈之往』。（10）

莊汪乞：『生八月，父國珍公卒，以家貧故，不得終學，則勤稼穡以助母。既長，以力田所入但資事畜（衹够養父母妻子），無以行其志，遂輟耕往新加坡，改習商業，以

水土不服歸。鄉有商於菲律賓者，乃從之往』。(12)

蔡明盤：『（幼孤家貧）年十一，（母）即命渡菲學商，歷二十年之久，家始小康。』(13)

柳步堅：『少貧甚，……及壯往珉，操計然術。』(14)

萬廷璧：『嘗一游滬甬，不獲展所抱，……歲二十八渡日。』(15)

陳光純妻魏氏：『年十八爲翁（陳光純）配，旋隨翁僑商於菲律賓。』(17)

陳貽矩：『民國六年（1917年）冬十二月初九夜，……（豊州）城中槍炮聲突起，駐軍僅數十，勢危甚，貽矩乃孓身乘城，跳出請救，事旋息，訛言迭至……貽矩乃脱身往南洋柔佛豐盛港。』(18)

陳明印：『少孤，起家於貧苦之中，十數歲渡菲。』(19)

楊亨印：『少貧故，輟學而農，年廿七，始渡菲律賓，學計然術。』(20)

沈宣令：『年十五，南渡菲律賓。』(21)

黄奕住：『世業農……以家貧輟學買輪渡新加坡，而棉蘭，而蘇門答朒，就時（做生意）於爪哇之三寶壟。』(22)

吴星槎：『少嗜讀，家貧親老，膏火無資（缺學費），乃弃儒就商，遠渡星洲，後赴勿里洞。』(23)

尤芳積：『八歲先君見背（父死）……甫屆成童，即偕族叔往斐學商。』(24)

據上摘引材料，稍爲分析歸納一下：

（1）出身農家，自己種過田的有4個，其中柯懷德還『有餘積假於鄉』，有力放債，當係中農以上。農民看到同鄉歸僑的滿載榮歸，比較之下，終感『力田所入，但資事畜，無以行其志』，就要輟耕出洋了。華僑中這種人看來不少。在農民中也包括有手工藝人，如黄奕住曾是剃頭師傅，志中未提及。陳明印出身木匠，諒在出國前就學過手藝。

（2）出身於没落的知識份子家庭的也有4個，當過甲必丹的曾天眷，父親就是『操儒業』的讀書人，但『生計支絀』，衹好讓兒子『過番』；黄仲訓的父親黄文華，也是『弃觚就市』的失意讀書人；吴星槎也因家貧而弃儒就商，遠渡星洲，本身苟舉子業的施至添，衹爲考不上秀才，憤而出洋做生意，而且丢掉讀書人的架子，『與傭保雜作』，撰墓志的人爲他感歎说：『見者不知其爲讀書種子也！』

（3）未出洋前就曾在國内做生意，如黄秀烺曾隨兄經商寧波，萬廷璧也在上海、寧波做過生意，衹因所業中落或『不獲展所抱』，才轉到國外去。

（4）家中原來就在南洋做生意，本人由家長帶去自己店裏學習，然後發展的，如李功藏、陳正宗、尤芳積等都是。

（5）其他原因出國的，有隨夫南渡的陳光純妻魏氏；有在故鄉有點名氣，因避禍而去南洋的陳貽矩。

（6）絶大多數的人，是由於『家貧』或『少孤貧』，被迫出洋謀生的，著名富僑如曾天眷、黄文華、黄奕住，都是因貧而去國。不少華僑爲貧驅使，不惜冒風險，飄泊海外，其挾資而歸的固多，但窮途落魄、客死异域，或空手回鄉的可能更多，可是這類人不會有墓志傳下。

（7）出國年齡最幼者爲蔡明盤，才十一歲。十數歲就出國的有5人，二十歲以上出國的有8人。其餘未記出國年齡。

（8）往菲律賓最多，計13個，印尼次之，有6個，新馬、越南、日本各1個。

二、在海外的事業建樹

曾天眷：『時小吕宋我國未設領事官，而西人（西班牙）之轄殖民地，例苛煩，僑岷者亟籌對付之策，請以華人自治，略如我桂滇兩省土司之例，譯曰「甲必丹」，得西政府認可，投舉（推舉），以公應選。公亦以保護華僑爲己任，削苛例，拓利權，造病室，辟墳場，凡有利於人者，知無不爲。遇交涉事，則尤毅然力爭，不稍退讓。』(1)

黄文華：『月得辛金，銖積寸累，乃歸娶，不期月再渡南』。(3)

『越中有地曰厚芳蘭者，縱横十餘萬尺，久荒不治，莫之顧也，封翁（黄文華，即黄仲訓之父）往來相度，知爲後商賈扼要之區，意欲得之……於是斬蓬刈藿，乃疆乃理，久之而氣象一變，車闐馬驟，鐵軌四通，頓爲絶大商場，地價比之於昔，或倍徙，或相十百，經營未能十之一二，歲率所息不下十餘萬。爲之於二十年之前，收效於二十年之後，拓此百世不敝之業，何其識之遠也！』(4)

陳天眷：『當時（十九世紀八十年代）郵政未興，華僑通魚雁（寄信）者必擇人而任。翁忠誠素著，計程按期未或爽，人以是稱贊之。光緒壬寅（1902年）航泉廈輪没於秀塗，由信局匯兑受損失者皆諉之天數，甚或藉詞而乾没之。翁是期寄匯之款二萬有奇，洪喬之沉（丢失的）四千而弱，獨以信義爲重，一一如數補償之。』(6)

柯懷德：『經商菲律賓，往返數次，囊均不虚。』(7)

施至添：『以謹願爲從所言，入獨豐，銖積寸累，與人合營商業，不數年而腰纏萬貫。』(8)

黄秀烺：『有林姓者見而器之，出資畀君賈，由贏利十倍，益大奇之，遂與合資，歡好無間。將殁，且以孤托之，林姓之孤菲産也，以累繫獄，幾不免，君力爲上下營救，卒脱其難，保其富厚。』(9)

李功藏：『（在吧經營先業）精勤過人，化居（做生意）之息恒數倍，積十餘年，複增設一營業所曰德和，以擴充其物力，資本益厚，信用大著。』(10)

莊汪乞：『時（菲律賓）初隸美利堅，君乘時以展其具，苦無資，則積資累銖以爲之階，兢兢業業，莫敢晷刻懶，與人期約必踐，久之信義孚遠近，所業亦隆隆起。』(12)

柳步堅：『（在珉）生意蒸蒸日上，商界中推巨擘。』(14)

萬廷璧：『（在神户）營新瑞興號，商業隆隆然，……君則效忠於盟（同盟會），仍逐物居時，（做生意）後神户改盟組黨（國民黨），君以革命爲之魁。』(15)

陳正宗父篤實：『於南洋泗水，以咖啡糖發業。』(16)

陳光純妻魏氏：『（隨夫至菲後）知翁（陳光純）終非困厄無成者，則旦警夕厲爲翁助，不五稔而翁業大振，僑界甲乙目之。』(17)

陳貽矩：（在柔佛）『建設柴廠，未幾而信用大著。……被舉爲華僑會長，中國國民黨柔佛邦支部執監委、分部常委。』(18)

陳明印：（渡菲）『習輪子業（木工、建築），規步規矩，刻苦自勵，積資累萬。』(19)

楊亨印：『（渡菲後）不數載，遂集資創設福聯昌公司，復營聯昌號，漸豐收入，家以小康。』(20)

沈宣令：『（在菲）建和興號肭灼廠，於時資本無多，而物品精良爲各家最，由是馳名全埠。』(21)

黄奕住：『（在印尼）初事負販自力以食，久之習其語言，諳其民情、土俗，察其地宜蔗，乃專營糖業，歷三十年。雖間有折閲，而旋蹶旋興……終能志遂而業成。』(22)

『聞珉里剌華僑多泉人，金融之權操於外國銀行，損失甚鉅，君至倡設中興銀行，以挽回利權。』(22)

尤芳積：『（往菲後）居之既久，彼地語言爛熟，商務精明，乃與兄弟輩合組生理，……數十年營謀順利。』(24)

據上摘引材料，可略見各人在海外的活動。比較突出的有曾天眷、黄文華、黄奕柱等人。曾天眷以晋江人爲珉里拉僑領，與楊尊親（南安人）、陳謙善（同安人）先後任『甲必丹』，爲華僑做了一些好事，有如墓志所述；黄文華在越南，開拓厚芳蘭那地方，變荒野爲鬧市，既幫助越南人開發土地，自己也發了財，奠定黄仲訓家族『地産大王』的基礎；黄奕住在印尼以糖業起家，發財以後，眼光遠大，能注意建立華僑金融事業，以抵制外國銀行的操縱剥削，難能可貴，僑匯業關係僑屬生活至大，不守信義的僑匯業者，每有藉機乾没的情况，陳天眷能不乘機昧心，值得表揚，黄秀烺不負故主之托，也爲人稱道。多數華僑在國外，以傭工開始，銖積寸累，或以『忠信勞苦』，或善『覩時達變』，或熟習當地語文民情，經歷數年以至數十年，遭受波折蹶興，或致小康，或腰纏萬貫，發財致富，然後參加華僑社會活動，捐助公益教育事業。有的贊助孫中山革命，也有的在國民黨時代，當了海外黨官，形形式式，表現華僑各種歷史面貌。

三、對祖國和家鄉的貢獻

曾天眷：『公以販洋起家，獨眷眷祖國之心，老而彌摯，以故遠而輔之賑捐，近而厦防之炮餉，首倡報款，坳溢千金。』(1)

『癸巳(1893年)春市輪歸，適值鄰近鄉閭鬥氣甚熾，公……排難解紛，賠費糜巨金，不少吝惜，十年來附城一帶無南鄉之畔連禍結，戕命數百都，皆公力焉！』(1)

『拳拳好施濟……倡修橋樑，助築道路。』(1)

陳天眷：『族(南安蓮塘陳姓)既大而繁，蹊田奪牛(譬喻争吵)之事，恒不能免，翁爲喻以義理，教之禮讓，使各得其平，鄉人鹹樂從之。』(6)

『建來紫軒爲義學，充書田助膏火，延名宿爲之師，命族中群季肄業焉。』(6)

柯懷德：『民國八年(1919年)，(子)孝助將謀稱觥(爲父祝壽)，公(令)移作興學之費，孝助體公志，立學校，顔曰懷德，志公命也。毁家得五千金，寄殷户生息，作學校基金。』(7)

施至添：『於鄉黨周恤，揮斥金錢，無吝容德色。』(8)

黄秀烺：『乙丑(1924)五、六月間，安平一帶相攻殺，意外疑誤(把來鎮壓的官兵誤作對方攻打)，官兵死者二十餘人，禍且不測，有議罰鍰以解亡者，强餘(撰志者吴增)謀之君，時君病亡數月，憊甚(很憔悴)聞之慨諾三千金，曰茲事關於吾族(指安海黄姓)生死也！』(9)

『泉城開元寺有仁壽塔，石蓋坼裂，中層亦有折損，有外來浮屠三人(指圓瑛和尚等)欲治之，求之君，……君遂獨任之。』(9)

李功藏：『光緒季年，陳弢庵(陳寶琛)創辦漳厦鐵路，到吧募股，初則認者絶少，君聞之，力爲四出吹嘘，一時投資者多至巨萬。』(9)

『泉之府學文廟，規模宏麗，歷年既久，大成殿梁柱雨漏蛀損，傾欹之度在二尺外。歲丙寅(1926年)當道委吾(撰志者吴增)募修，餘謀之君，君慨然……請獨力任之，……越年而告竣，計費銀七千。……其兩廡及他部以軍事阻礙……復别儲銀三千，爲將來續修之用。』(10)

『凡振荒救災，捐助養老慈兒中小學校，修築橋樑道路堤岸祠宇，以及舍藥施櫬(棺)諸善舉，多以千計，少亦百計。』(10)

莊汪乞：『僑民有失業者則量力資之，或助使歸免失所。』(12)『設學校以教鄉雲子弟；里有事，難與排，紛與解。』(12)

柳步堅：『君與(柳)清漣君同僑珉地，二十餘年來凡清漣君爲善事籌捐，君無不相助爲理。』(14)

『泉南械鬥，成爲惡習，牽連常至數十鄉，君則延請調人爲解息，并爲墊補，所全者至大。』(14)

『居鄉之時則倡爲學校，重建祖祠，續修族譜。』(14)

萬廷壁：『歸故里，斥資興學(浔江小學)，辟瑞浔公路，建新埭，挹充常費。』(15)

陳光純：『崇奉天主教……(女)慈義……倡辦女學。』(17)

陳厚德：『里中學校及其他公益事，莫不慨捐鉅資，以爲人倡；對於族親，凡夫嫁娶喪葬，興滅繼絶，尤多有所匡助。』(19)

楊亨印：『以鄉校未立，子弟失教，捐資倡辦惠群小學，被推爲董事長。』(20)

『近歲暴寇侵凌……解囊輸將。』(20)

沈宣令：『至於鄉邦善舉，尤多所注意，如修橋樑以濟行人，築栅隘以禦冠盗，皆量力捐資之。』(21)

黄奕住：『有爲君策者曰：中原多故，不如此間(指印尼)樂，君雄於資，何地非樂土，爲終焉計，不亦善乎？君謝之曰，我爲中華國民……安能托人宇下……遂括所積蓄，歸裝抵厦門，曰：此地與港粤毗連，滬淞亦一衣帶水之限，閩南商業之樞紐地也。爰創立日興銀號，以與南洋群島通呼吸，……上海爲五口通商之一，外商雲集，皆行使其國幣，君與商界名流組織中南銀行，自行輪股金數百萬，復别存數百萬爲護本金，向財政部立案，政府稔君才，遂予發行鈔票，視同中國、交通二行。』(22)

『君每以少時失學爲憾，故創辦斗南學校於(南安故鄉)樓霞鄉，慈勤女子中學於鼓

浪嶼；廈門大同中學、北京大學、廣東嶺南大學、上海復旦大學，均倡捐鉅資。』(22)

『創辦廈門自來水公司以重衛生；協助廈門市區之開以便交通；收回鼓浪嶼日人電話權以尊國體；獨修泉州開元寺東塔以存古迹；組建廈門江夏堂以聯族誼。』(22)

據上摘引材料，歸納爲下幾點：

(1)捐獻國家財政：如曾天眷捐助畿輔賑款及廈門炮餉；黄文華助賑捐；楊亨印獻抗日經費之類。

(2)協助經濟建設：如黄奕柱毅然歸國，參加祖國建設，在廈辦自來水公司，協助市政開闢，收回鼓浪嶼日人電話權，創辦中南銀行等等；李功藏幫助漳廈鐵路招股；萬廷璧辟瑞潯公路，築海堤等。

(3)辦理教育事業：如柯懷德父子辦懷德學校；陳光純之女協助天主教辦女學；萬廷璧辦潯江小學；楊亨印辦惠群小學；黄奕住辦斗南學校、慈勤女中，捐助各大中學校經費；陳天眷建義學助膏火等。

(4)幫助公益事業：如柳清漣、柳步堅爲花橋善舉公所捐款；李功藏捐助温陵養老院、開元慈兒院。至於爲修橋、造路、舍藥、施棺、濟貧、恤親各種善舉而解囊的，就比較多了。

(5)修繕文物古迹：如黄奕柱、黄秀烺分别獨資修繕泉州開元寺東西兩塔；李功藏獨資修繕泉州文廟大成殿等。

(6)爲鄉里排難解紛：如曾天眷、柳步堅調解械鬥，并墊賠款項以息事；黄秀烺爲安海黄姓因械鬥誤殺官兵案，賠付罰款以解鄉旅之禍，陳天眷爲鄉人紛争而盡力排解。

四、家庭、社會生活及思想意識

曾天眷：『（因捐賑助餉）奬叙同知，以子焕章浙江試用知府，封如其官。……妾例綿候氏、羅把示氏。』(1)

曾天眷妻梁氏：『（曾天眷）以家貧親老，出處難爲計，太淑人（梁氏）毅然慫之行，家政以身任之……家且數十口，而同居共食，凡四十年。』(2)

『翁（曾天眷）以太淑人課子嚴而有法，命（菲婦所生）諸子自珉而就撫之，太淑人親猶所生。』(2)

『子六：太淑人出者焕章，附貢生，浙江試用知府；……焕文花翎同知，則其篷（妾）例綿侯氏出也；……紹元同知銜，則羅把示氏出也。』(2)

黄文華：『晚景日豐，僮役星列，無富商頤指態。』(3)

『子蘇器（黄仲訓）等，年才成童，以外域少碩儒，難習舉子業，因令旋里就傅……慕桐城（泉州）樸素，士大夫多長厚君子，有鄒魯風，并令子擇仁買宅，爲他日退老計，兼爲後人穀式謀（好榜樣）。』(3)

『納粟太學，加中書科中書銜。……次子蘇器邑庠生，侯選訓導；三國器（黄仲贊）助賑捐，授道銜，賞戴花翎，援例，君（黄文華）得資政封典。』(3)

黄文華妻鄭氏：『年十七，歸同里黄秀榮（文華）封翁，家故貧，少時游越南，歸娶不期月即復去，太夫人（鄭氏）持家十餘年，……年三十二，封翁挈之南。』(4)

『殁於鷺江之鼓浪嶼……以封翁前得一品封典，誥封一品夫人，……（子）仲訓奬四等嘉禾勛章，仲贊奬五等嘉禾勛章。』(4)

蔣剛峰妻黄氏：『年十四，歸剛峰蔣君，……剛峰家固貧，謀生泗水，宜人爲之持家數十年，親田疇，築廬屋，課耕織，款洽鄉族，經營錢布，井井有條。』(5)

『剛峰君覩時達變，中年積資數十萬，而世俗衰薄，有無賴藉事侵牟，宜人輒持之以理，不爲威屈勢奪，卒得以無事，如是者非一端。』(5)

陳天眷：『昧爽而起，課督耕讀，居行不以僕從隨，服用不染豪華氣。』(6)

『德配黄太夫人……翁將遠游，屬之曰：上有母，下有子，悉付汝矣！太夫人以婦道而兼子道，母道而兼父道。』(6)

『（子）維垣，福建公立法政學校畢業，援例加道銜，代議制興，獲選省議會議員，兩宰永春縣篆，省政府諮議。』(6)

施至添：『腰纏萬貫，歸營第宅，猶短衣至骭，督課農桑，見者不知其爲僑商巨賈

也。』(8)

『（子）性統，中國國民黨菲律賓支部監察委員，爲僑商巨擘；逸生，立法院委員。』(8)

黄秀烺：『年四十即歸隱於鼓浪嶼。』(9)

『清誥授中憲大夫，民國五等嘉禾章。』(9)

李功藏：『（在鄉時）舉家大小百人，彼此歡洽無間。……晚年避亂泉城，居數歲，復避厦之鼓浪嶼。』(10)

『爲善不近名，畏人知而人亦莫之知。徒見其勤無暇晷，儉無廢物，終日嘀嘀以汰侈詰責其家人，疑其儉嗇太過，而不知君於義所當爲者，固盡力爲之而不悋也。』(10)

『清時以輸財急公，誥授中憲大夫……子鍾元縣學生，已酉選士。』(10)

『配陳恭人，儉以濟人，與君合德，君治生於外，恭人内理家務三十餘年。……在吧結婚者康氏。』(10)

莊汪乞：『性剛直，與人交不作依阿態，有所期重然諾，不知者謂其傲，知者則稱其直。』(11)

『先遣長子材允來築大厦，已則仍經營海外。』(11)

蔡文德（蔡明盤父）『光緒庚寅（1890年），鄉與鄉械鬥，文德先生遭被擄，禁之一室，酷甚，幾殆，而擄者之家失火，延燒室中，緊急不能自脱，體幾焦爛，乃縱歸，舁至家，則奄奄一息，醫藥已不可爲，遂殁。』(13)

『明盤年十一，（母）命渡菲學商，歷二十年之久，家始小康，庚戌歲（1910年）重建新居。』(13)

陳正宗：『去歲（1932年）三月（吴增）避難鼓浪嶼，僦屋與友人陳正宗毗鄰。』(15)

萬廷璧：『君曾充中國國民黨神户支部委員及任國民政府僑務委員顧問。』(16)

陳光純：『翁崇天主教，太君信仰尤篤，女慈義守貞奉教（作修女）。』(17)

陳貽矩：『中國國民黨柔佛支部執監委，分部常委，復爲中央僑委會顧問。』(18)

陳厚德：『積資累萬，歸營巨厦，置良田……課僕耕作。』(19)

『自奉甚約，雖富而不失其素習，人或疑其吝。』(19)

沈宣令：『建築一事尤精，……自建三層樓居，測量繪畫鹹出其手。』(21)

黄奕柱：『故鄉多匪患，迎（母）肖夫人於鼓浪嶼居焉。觀海别墅，饒水石之勝。』(22)

『疊受政府二等大綬寶光嘉禾章，一等大綬寶光嘉禾章。』(22)

『配孔夫人，在南洋娶者蔡夫人。』吴星槎：『負朱公之奇策，開財源於外夷，家道小康，大厦始建。』(23)

『抗日戰生，僑匯斷絶，家庭陷於絶境，太君（吴星槎妻）則慘澹張羅，變賣衣飾田産，三餐減兩，茹苦含辛歷數載。幸獲勝利，僑匯雖通，物價仍昂，匯來僑款，難敷家用。』(23)

尤芳積：『數十年來，營謀順利，建置田廬。』(24)

據上摘引材料，略歸納如下：

(1)『商而優則官』的思想：封建半封建時代的華僑，多有僅僅『富』還不够，要富而又『貴』才算耀祖榮宗的想法。他們捐輸助餉不純出於愛國，還有藉此謀封典，獎官銜的動機。尤其清季賣官爵，有錢人想買官做。曾天眷獎叙同知是空銜，他兒子焕章的試用知府是捐班，分發浙江可謀實缺。他的兩個混血兒，也都捐得『花翎同治』、『同知銜』之類；黄文華本身『納粟太學，加中書科中書銜』，他的兩個兒子一個侯選訓導，一個捐到道銜，他夫妻倆也因而『得資封典』，都是醉心官銜的好例子。黄秀烺、李功藏在清代也都受過誥封。入民國没有誥封了，却有大總統頒發勛章，黄仲訓、仲贊兄弟，黄秀烺等都獲得嘉禾章；黄奕住還得到一、二等大綬寶光嘉禾章。國民黨時代則混個黨官，萬廷璧、陳貽矩及施至添的兩個兒子，都當了委員、顧問之類。時代不同，而思想本質是相近的，都有官癮！黄文華教子習舉子業，還居『海濱鄒魯』的泉州，也無非爲進身之階。

(2)置田園建大厦以遺子孫：在辛苦粒積，不論小康之家或腰纏萬貫者，另一個思想是回鄉置田建屋。晉南僑鄉，紅磚白石的高樓大厦，毗連相接，無不是華僑産業。蔣剛峰、施至添、蔡明盤、莊汪乞、陳厚德、沈宣令、吴星槎、尤芳積的墓志中均提到建屋事。黄文華、陳光純、李功藏由外縣遷來泉州時建新居；黄奕住、黄仲訓在鼓浪嶼，正屋外有别墅，『覩海』、『瞰青』都居鼓島勝地。住在農村的歸僑，則多置田課耕，蔣剛峰、陳天眷、施至添、李功藏（在鄉時）、陳厚德、尤芳積等都有置田的記載。陳厚德還『課僕耕作』，可能是雇長工下田的。蔣剛峰妻還有『經營錢布，井井有條』一事，也許是放債收息的。

（3）勤儉作風富而不改：華僑致富，多由勤斂起家，挾資歸里，性格不改。陳天眷『昧爽而起，督課耕讀』；施至添歸後，『短衣至骭，督課農桑』；李功藏、陳厚德都因儉約，被人視爲吝嗇。李功藏更有典型意義，他對公益事業，捐上千百元無所謂，在家中却一錢如命，經常嘀嘀咕咕，嫌這個不惜物力，罵那個奢侈浪費，自己也『日無暇晷』，勞勞碌碌，惹得家人暗恨，鄰右竊笑，他却吾行吾素，毫不在乎。

（4）『婦代子職母代父職』的僑眷生活：曾天眷妻勸夫出洋，自己擔負起『家且數十口，同居共食』的大家庭，『幾四十年』，還要撫養菲婦的兒子；黄文華妻十七歲出嫁，婚後一個月，丈夫就一去十多年；李功藏年少出國，妻子在鄉要處理『舉家大小百人』的大家庭生活；蔣剛峰妻於丈夫出洋後，持家數十年；陳天眷妻『以婦道而兼子道，母道兼父道』，僑眷生活自有其辛酸委屈之處。華僑遠離家庭，孑身在外，在生活上，也有出於業務上需要當地人的幫助，每與當地婦女結婚，唐山和『番邦』都各有家口，墓志上對此也有反映，而蔣剛峰妻遭到鄉里無賴侵欺，好在能據理對付，才得無事；吴星槎妻在太平洋戰爭時期，僑匯斷絶，家庭生活陷入絶境，受盡艱辛，這也表現僑眷生活的另一面。僑眷即使滿身珠光寶氣，生活上也有其難言苦忱。内心空虚，則精神要求有所寄托，如陳光純妻篤信天主，其長女并作修女。一般僑眷多信奉神佛，僑鄉迷信之風特盛，有其社會根源，但各家墓志很少述及此點，也許是視爲平凡小事，無庸着筆吧。

（5）華僑的社會關係：首先是華僑和地方紳士的關係，紳士以勢，富僑以財，互相傾慕，或結交爲友，或締成姻親。以本文所引各墓志爲例，作者多爲紳士，他們和所寫對象，多數非親即故，如黄摶扶與曾天眷爲兒女親家，吴增和黄仲訓、黄秀烺、陳貽矩、陳正宗、沈宣令都是故交，施乾和施至添爲族兄弟，潘鍾和陳天眷爲世交，曾遒和柳步堅、蘇大山和黄奕住也是舊友，陳重功與陳厚德爲村鄰。這些在墓志中都有叙及。另一方面，即社會上存在着以華僑爲侵凌敲索的對象者，不乏其人，蔣剛峰在南洋，其家即遭無賴欺侮；蔡明盤就因其父在兩鄉械鬥時無辜被擄，終致慘死，迫得他不得不於十一歲時就出洋謀生，表明當時僑村情景。至於華僑與宗族、親戚、鄰居、朋友的往來，往往帶有經濟因素，饋贈、借貸或撫恤，幾乎人各有之。由於財産帶有聲望，歸僑往往被請爲『公親』，替人排難解紛，有時還要解囊貼賠，并不少見。

（6）華僑樂土鼓浪嶼：民國時代，軍閥混戰，内地土匪紛起，華僑在故鄉更無法安居，衹好避地鬧市。厦門鼓浪嶼當時爲公共租界，托庇帝國主義勢力，比較安定，被視作『世外桃源』，富僑紛紛卜居此地。嶼中高樓大厦，絶大多數爲華僑所建，墓志中對此也多述及。黄奕柱挾資歸國，即定居厦門鼓浪嶼；黄仲訓也弃泉而遷居於鼓；黄秀烺四十多歲即作爲此地居民；李功藏、陳正宗、蔡明盤都曾避亂來鼓，或自己買屋，或租宅而居。鼓浪嶼的繁榮，就建立在華僑經濟的基礎上。

陳盛明

（原載《泉州文史》第4期，第83—92頁，1980年12月）

附録二

陳盛明與私立海疆學術資料館

泉州市中山路355號是海疆學術資料館創辦時舊址。1998年4月，中山路臨街立面整修，意外發現被沙漿封了近半個世紀的匾牌——『私立海疆學術資料館』。就在要不要敲掉的關鍵時刻，幸得時任泉州市副市長周焜民先生指示保護修復，爲泉州留存了一處歷史文化景觀。也讓泉州人找回了記憶，中山路曾經存在過一家由私人創辦，研究東南亞、中國臺灣及閩南地方史的公益性純學術機構。

一、私立海疆學術資料館創辦人陳盛明傳略

光緒三十一年（1905年），陳盛明出生於泉州城南聚寶街。陳氏家族在這古泉州港最繁華的貿易中心聚族而居，綿延至今。青少年時代的陳盛明深受新文化運動和五四運動影響，思想進步，於民國十四年（1925年）加入中國國民黨。經同學介紹後參加旅粤福建左派青年團體『福建革命青年團』，又與共産黨人交往甚密。民國十五年（1926年），北伐軍東路軍入泉。爲加强進步力量，北伐軍東路軍政治部在泉州設立興泉永政治監察署，陳盛明經共産黨員朋友許世仲介紹，擔任檢察署民運指導員，協助開展工人運動與農民運動，并積極協助好朋友臺灣籍共産黨員唐生、黎明夫婦創辦『泉州書店』。他們在大革命時期所做的工作，可稱『閩臺同志并肩戰鬥的典範』。民國十六年（1927年）國民黨晋江縣黨部召開『擁蔣清黨』大會，書店與監察署都被清除，陳盛明亦遭通緝，并被開除出國民黨。

自民國二十二年（1933年）起，陳盛明一直從事文化教育事業。他熟讀經史，以《大學·中庸》中『誠則明，明則誠』爲座右銘，常以『明誠』爲筆名纂文投稿。先後在泉州昭昧國學講習所、大田縣立初中、晋江縣立中學任教，亦曾任《江聲報》《福建民報》《永春日報》《青年導報》編輯。

陳盛明的父親陳育才，字澤山，號起吾，是清末時陳氏家族中最優秀的人才，於光緒二十八年（1902年）中舉。陳泗東曾如此評價：『他是較出名的泉州社會活動家，……當年陳萬里來泉訪古，發表了《泉州訪古記》，泉州古城名氣才重新受學術界的注意。帶領陳萬里參觀泉州的就是他。陳萬里稱他很能幹，也很有學識。』

泉州聚寶街陳氏家族，歷經幾代人的努力，藏書也頗成規模，至二十世紀二十年代已達三千多册；其中尤以鄉土文獻爲主，且不乏孤本、珍本、善本，是民國泉州最負盛名的地方書籍典藏之一。其中有陳育才以百塊銀元代價輾轉從道光進士陳慶鏞後人手中購得的何喬遠著《名山藏》《閩書》，俞大猷著《正氣堂集》，陳允錫著《史緯》，陳慶鏞

著《籀經堂類稿》《温陵盛事》，以及《大清一統志》手抄本近百冊。還有民國十年（1921年）陳育才任南安知事時自南安著名藏書機構天白閣收購的柯輅撰《淳庵詩文集》清刻嘉靖本、張九成《横浦心傳》明初刻宋本殘本、陳國仕《豐州集》手稿等。

陳育才去世後，爲紀念和繼承父親生前收藏、保存鄉土文獻的熱忱，陳盛明將自家兩間祖屋改造爲書庫，創辦家庭圖書館，以其父號「起吾」，命名爲「起齋圖書館」。因教書生涯的需要及在新聞界工作的便利，陳盛明先後積累了大量剪報資料，并繼續收集圖書，使起齋圖書館的資料不斷擴充。到二十世紀四十年代，已有藏書、圖片、剪報四千餘件。受家學影響，陳盛明自幼愛好地方文史，故藏書中多爲閩臺歷史與現狀資料，涉及政治、經濟、文化、華僑、外事等，爲後來創立「海疆學術資料館」完成了最初的積累。

民國二十六年（1937年），全面抗日戰爭爆發，陳盛明經共産黨員辜仲釗介紹，擔任晋江縣後援會宣傳委員會總幹事，主編《晋江抗敵周刊》，撰寫抗日救亡宣傳材料。在抗戰時期，他仍堅守文化事業，韜光養晦。抗戰勝利後的中國大地百廢待興，學術界更是滿目瘡痍，他在如此艱苦的條件下依然創辦了私立海疆學術資料館，搜集和保存了大量泉州地方文獻。新中國成立後，陳盛明爲使積累的資料能够發揮更大的作用，將海疆學術資料館獻給國家，歸并入厦門大學。他本人也在厦大專心學術，全心整理圖書剪報資料和歷史文獻直至退休。

1966年，退休回家的陳盛明仍不移素志，專力搶救、整理、研究泉州歷史文獻；亦筆耕不輟，不僅參與倡組泉州歷史研究會、議修泉州市志，還親力親爲參與《泉州文史》的編輯，爲八十年代以來「泉州學」在區域文化研究領域中「异軍突起」作了大量開拓性的奠基工作。「文革」結束後，除爲泉州歷史研究會編纂《泉州地方文獻聯合書目（初篇）》外，年逾古稀的他還主持了泉州市政協文史資料的編寫出版工作，四年中計編印出版9輯（而「文革」前17年《泉州文史資料》共出8輯），其中許多文章由他親自整理或修改定稿。

除編輯整理地方文獻史料外，陳盛明還完成泉州地方史研究論文十多篇，成果豐碩。其最後一篇論文《晚清泉州世家「觀口黄」置業契約選》在《中國社會經濟史》刊發後，引起了海内外有關學者的重視，被多次引用。

陳盛明曾任政協泉州市第四届、第五届委員，市政協文史資料研究委員會主任，民盟泉州市委顧問，泉州市歷史研究會副會長、顧問，泉州歷史文化中心董事。於1985年8月2日去世，享年80歲。

二、海疆學術資料館紀實

抗日戰爭勝利後，臺灣、澎湖光復，福建與海外恢復交通。陳盛明認爲中國的發展必將逐步進入正軌，臺澎光復後必有大量重建工作，需要加强與大陸尤其是與福建閩南的關係。而閩南作爲主要僑鄉，今後對外發展必定更爲興盛，因此有必要瞭解閩臺歷史聯繫及僑鄉和華僑歷史，同時也瞭解華僑的主要居留地東南亞的情況，掌握充分的資料，開展學術研究，以便進一步開展對臺、對外交流活動。「但當時國民黨政府忙於「劫收」、打内戰，無暇顧及此事」，陳盛明遂決定以起齋圖書館的圖書資料爲基礎，創辦一個以搜集、整理和研究東南亞各國、中國東南海疆和臺灣省的地方文獻與學術資料爲内容的機構，定名爲「海疆學術資料館」。陳盛明在向當局申請辦館備案的呈文中闡述了自己的辦館目的：

「我中華民族之發展，蓋由此而趨東南，由大陸而臨海洋。史迹昭彰，勢有必然。閉關時代，固以陸圉爲重。開港以後，海疆實居衝要。以我國海綫之長，海里之溥，海外僑胞之衆，海疆國防經濟文化諸建設，攸關建國前途，不待智者而知。方今國運中興，臺澎光復，非圖進出海洋，無以確保勝利。此後國際重心，移太平洋，勿論微波巨浪，我胥首受蕩激。知己知彼，古有明訓，海疆問題之研究，實有不容或緩者。顧研究工作，必以資料爲本，資料不備，巧婦難爲無米之炊，誠宜專設機構，以從事各項資料之搜集，歷史文獻之保存，與夫研究風氣之提倡。斯亦推進學術所必需，而建國程中之要務也。本館創辦之宗旨，即在：儲集學術資料，研究海疆問題，溝通中南文化，促進海外發展。』（陳盛明：《爲創辦私立海疆學術資料館呈請案備由》，見《福建省晉江縣敵僞檔案》，現存福建省晉江市檔案館，全宗號：54，目録號：2，案卷號：1203。）

民國三十四年（1945年）冬，在其弟陳盛智的協助下，『私立海疆學術資料館籌備處』在泉州中山路『僑務局』舊址即355號掛牌。但資料館資金籌募艱難，資料收集工作難以進一步展開。困境中的陳盛明在閩南名流張聖才、黄其華、張天昊等人從南洋募集到的『現代文化教育基金』的資助下，將籌備處遷往厦門。民國三十五年（1946年）5月5日，資料館在厦門虎園路21號洋樓正式開館，取名『私立海疆學術資料館』，陳盛明任館長，張聖才任董事長，陳村牧、秦望山、鄭玉書、梁龍光等泉厦知名人士爲董事。遷厦後，資料館又曾搬遷過兩次，1947年秋先改租華僑黄奕柱在鼓浪嶼的觀海别墅，因廳室較少，1949年冬又遷往空間更大的日光岩西林别墅（現厦門市鼓浪嶼鄭成功紀念館），得以在書庫、資料室、辦公室、閲覽室之外，於二樓設文物室、研究室，三樓設宿舍和娱樂室。遷往鼓浪嶼之後，爲加强研究工作，資料館董事會決定聘請人類學家、厦門大學林惠祥教授爲館長，陳盛明改任副館長，原《江聲報》主筆陳一民任研究部主任，厦門大學李式金副教授兼任研究員。

海疆學術資料館除設閲覽室對外開放外，還先後舉辦了多次主題展覽：在厦門舉辦『萬幀圖片展覽』，在集美舉辦『福建文獻展覽』，在南普陀舉辦『佛國圖片展覽』。資料館還編印了《厦門私立海疆學術資料叢書》，出版了陳盛智利用館中日文資料完成的《印尼民族運動史》。

陳盛明辦館的宗旨是奉獻社會，資料館爲服務性非盈利機構，免費開放資料供讀者查閲，閲覽報刊亦不必交錢辦證，導致資料館常年入不敷出。資料館的日常費用每月由張聖才、黄其華以『現代文化教育基金』爲資本開設的『互惠實業公司』（張天昊爲總經理）撥出，圖書設備購置費則均需另行籌募。1946年秋在上海募捐，在滬董事鄭玉書、秦望山除自捐巨款外，還協助向上海閩南幫商家勸募，所募款項除在滬購買大量圖書外，餘款寄存上海南僑實業公司基金生息。1948年冬，陳盛明親自前往臺灣募捐，用以采購日文圖書。捐款主要由董事梁龍光函介，向在臺灣的永春幫商家勸募。所募款項就由陳盛明踏遍臺北、基隆、臺中、臺南、高雄各舊書店，采購臺灣政治經濟圖書及日本蓄意南進時出版的有關南洋的日文圖書，其中不乏《菲律賓的礦物資源》《南洋史綱要》《白人的南洋侵略史》《大東亞海的文化》《日本之南生命綫》《馬來亞半島與歐洲之政治關係》《南洋政治地理史志》等有價值的史料，并采購臺灣高山族民情風俗文物多件。

除圖書需靠募捐外，資料館甚至連報刊都無錢訂閲，衹得向外索贈，如東南亞的《星洲日報》《榕城日報》《生活報》《南僑日報》《南洋日報》；中國香港的《文彙報》《星島日報》《華商報》；中國臺灣的《公論報》；中國上海的《申報》《文彙報》《大公報》《新聞日報》；中國福建省内的《江聲報》《星光日報》《大方報》《泉州日報》《福建日報》《中央日報》《立人日報》等。另外還曾向閩、浙、粤諸縣索贈許多其自繪自印的縣區域地圖。

陳盛明將館中資料編成《館務日記簿》《報紙調查簿》《圖書分類表》《剪報分類目録表》《雜志調查簿》等五大類。因剪報資料爲資料館的一個重要特色和查閲熱點，其製作尤其精良認真。剪報采用十進法分類，類下分綱、目、節、項。剪貼後，依其性質分存封套，各附内碼，依序排列。超出部分也按排版要求剪貼整齊。剪貼資料底襯大小一致，報刊上圖片也照樣剪貼，在分類别碼前加『+』號，如『2174』爲蘇聯民俗，『+2174』就是蘇聯民俗圖片。綱目之間，用大小木板隔開以備檢查。某項資料達到一定數量就裝訂成册。至館中資料歸并厦大時，剪報已達十萬餘頁。莊爲璣評價：『厦門海疆資料館存有一些剪報資料，分類貼本，甚爲方便。』

儘管得到『現代文化教育基金』的大力支持，但因資料館幾無收入，經費仍顯緊張。這也讓館中工作人員長期義務或半義務工作，幾乎不領薪金，根本無法養家糊口，連陳盛明本人都得爲報紙兼任編輯以維持生計。據原資料館職員陳永安回憶，館中曾出現不辭而別者，其他留守人員有的兼職教師，有的爲報館供稿，若不是出於對事業的熱愛和執着，資料館早已維持不下。解放前夕，互惠實業公司倒閉，資料館陷入困境。

陳盛明年輕時曾積極追求進步，投身於大革命洪流，也親身經歷了國民黨晚期統治下文化事業不受重視、自生自滅的艱辛。而解放後，厦門軍管會負責人常登門看望，對海疆資料館表示關注。人民政府對文化事業的重視使陳盛明深受感動，覺得不應再將經營資料館看作個人的事業，於是萌發獻出資料館交由國家管理、以利於其更充分發揮作用的想法。

三、海疆學術資料館與厦門大學

原厦門大學校長王亞南在厦大任教期間，即對資料館深爲重視，與林惠祥、莊爲璣、林英儀、李式金等均爲館中常客。解放後，王亞南出任厦門大學校長，有意發揮厦大地處東南沿海的僑鄉特色，開展南洋研究工作，正感資料不足。當陳盛明徵得張聖才董事長同意，提出將資料館歸并厦門大學的建議時，立即得到王校長首肯，於是由厦門大學報請華東教育部批准，將『厦門私立海疆學術資料館』并入厦大。對於此事陳盛明在《厦門私立海疆學術資料館歸并國立厦門大學建議書》中進行了説明：

『本館爲純粹的學術研究機構，過去反動統治者輕視一切學術研究，我們感覺海疆研究事業的重要，不揣綿薄，起而設立本館。四年來在不良環境和經濟拮据狀態下，極力支撑。幸是初具規模，但終日在飄搖中，進度極爲有限。現在人民革命基本勝利，在人民政府提倡下，新民主主義文化建設高潮即將到來，我們感覺學術研究事業，私人力量究竟有限。孤立探索，所見也不廣，效率不會高，成果也不大。爲着把工作搞好，使事業獲得發展，應該把本館獻給國家，由公家來辦理。厦門大學是東南僑鄉最高學府，對於東南海疆和東南亞的區域研究，無論人力物力都能更有效地負擔起這個使命，獲得甚大的成果，無限地發展這個事業。因此在本館創辦人和董事會協議下，決定將本館歸并厦門大學。』《厦門私立海疆學術資料館歸并國立厦門大學建議書》現存厦門大學檔案館。

1950年9月完成合并手續後，資料館圖書資料和設備財産全部由厦門大學接受，成立『南洋研究館』，厦門大學歷史系主任林惠祥教授兼任館長，海疆學術資料館改爲該館附屬資料室，陳盛明出任資料室主任，原研究部主任陳一民任資料室副主任；1952年全國院系調整後，陳盛明任資料科科長，從此服務厦大直至退休返鄉。

海疆資料館遷厦時，由泉州運去的圖書近三千册，剪報圖書約近千件。至1950年秋并入厦門大學時，有圖書雜志近三萬册，其中英日文文本千餘册，剪報資料裝訂本一千多册，圖片萬餘幀，地圖（包括海圖）兩百多幅，文物數十件，以及各種附帶設備若干。實際館中資料尚不止這些，解放前夕，因國民黨軍劉汝明部占駐館內，被毁損資料約兩千册。

泉州私立海疆學術資料館從籌辦到歸并厦門大學，前後不過五年。但這數萬册的圖書、雜志、剪報、圖片却是陳盛明二十年來嘔心瀝血努力的成果。如一套四册的《閩人墓志拓本集》中的一些拓片就是當年陳盛明跑遍泉州、晋江民間石刻印社，一一預付訂金，交待若遇名士、僑商、僑眷去世，凡由名家撰稿、書寫之墓志銘，均請工人在安放墓碑之前先行將全文拓下，妥善保存。如今這些墓志銘拓片，不僅成爲研究僑史地方史的寶貴史料，亦是極爲珍貴的閩人書法作品。

臺灣光復後，曾留學日本的陳盛明弟弟陳盛智是派往臺灣的接收官員，他從臺灣返鄉時帶回的大量日據時期書籍、期刊、報紙也都被收入海疆學術資料館珍藏。從厦門大學原南洋研究所（現南洋研究院）資料室的圖書登記簿中還可尋得當時的圖書書目，其中包括《臺灣小史》《臺灣經濟的基礎》《臺灣要覽》等等日據時期日本學者的著作。

1950年，海疆資料館所藏關於臺灣圖書除經中共福建省委臺灣委員會借去部分外，還提供175種圖書運交北京中央人民科學館，這些書籍文獻資料（多爲日文）對研究臺灣，對研究日據時期的臺灣彌足珍貴。

2010年，原福建省副省長、臺盟中央常務副主席，現臺灣研究會會長汪毅夫先生曾從厦門大學圖書館借閱過來自海疆學術資料館的邊疆類剪報資料，頗爲重視。時任厦大圖書館館長陳明光教授以報告形式請汪毅夫先生轉呈中央有關方面，希望能得到支持，將原海疆學術資料館的剪報資料予以整理出版。在汪毅夫先生的推動下，得到中央和福建省有關領導的重視。在中央財政部、福建省政府的支持下，厦門大學圖書館、南洋研究院、厦門大學出版社共同努力，海疆學術資料館的資料、剪報陸續數位化，開發了『海疆學術資料館數位化知識服務平臺』。并在2017年出版了大型史料叢書《厦門大學海疆剪報資料選編》（第一輯）共24册1200萬字。2017年6月27日晚首發式在北京臺灣會館轟重舉行，時任全國人大常委、全國台聯會長、原福建省副省長汪毅夫教授，時任厦門大學校長朱崇實，全國政協常委、厦門大學63級校友周安達源，北京故宫博物院學術委員、原紫禁城出版社副社長、總編蔡治淮，以及部分學術界、圖書館、出版界、媒體代表，陳盛明先生女兒陳意光、女婿蔡勝鐵等親屬參加了首發式，外孫蔡一村博士代表親屬作了演講。

近年來，我國周邊安全尤其是海疆問題日益成爲現實的焦點和學術研究熱點，這批資料越發顯示出其獨特的珍貴價值。正如王萬盈教授指出：《選編》中的許多資料是證明南海諸島屬於中國領土的重要資料；是研究近代國人海權與海洋意識方面極爲難得的第一手資料；是研究近現代東南亞國家狀況的重要資料；反映了華人華僑開發南洋的歷史記憶。《厦門大學海疆剪報資料選編》（第一輯）史料價值極高，必將成爲海洋史和華僑華人史上的一座豐碑。

2018年8月，厦門大學出版社又出版了《厦門大學海疆剪報資料選編》第二輯，第二輯主要選取與華人華僑問題有關剪報資料，整理爲15册。

四、結語

作爲民國末年在閩南地區頗有特色和影響力的私家書籍典藏，海疆學術資料館所搜集、捐贈的文獻資料在陳盛明去世三十年之後，仍能够爲從事南洋研究乃至臺灣研究的學者師生提供幫助。爲表緬懷與紀念，後人將陳盛明的文章論著遺作并親友回憶整理成集，冠以其筆名明誠，是爲《明誠集》。該書正文部分分爲《生平行略》《閩南文化》《泉州文史》《文獻目録》《追思》五卷。首尾兩卷分别收録了陳盛明的生平介紹和後人的追憶；第二三卷則收録了陳盛明晚年十餘篇比較有代表性的學術作品。在《文獻目録》一卷中，收録了陳盛明幾經亂世、耗費數十年查訪全國四十三家圖書收藏機構而編寫完成的《泉州地方文獻聯合書目（初篇）》，他將查得的與泉州地方相關的種種著述、志乘、叢著、譜牒、圖集、報告、報刊等資料分類并整理出索引，共分十大類三十七種，其中哲學類四種、社會類五種、經濟類一種、政治類一種、文教類三種、文藝類八種、科技類一種、歷史類六種、地理類五種、綜合類三種。

古稀之年的陳盛明，在捐贈其私家藏書之後工作之餘，尤其是退休後仍埋首進行地方文獻的整理工作，將畢生所集的千餘張手寫索引卡片濃縮成近十萬字的手抄書目，不僅爲搜集整理泉州地方歷史文獻做出了有益的嘗試，也給後世學人進行相關學術研究提供了便利和啟發。

今天，當我們回顧一位地方學者爲報效祖國，保存文化而默默進行的努力時，仍然極爲震撼。不能不爲陳盛明先生的歷史智慧、國際視野、戰略眼光、海疆意識、愛國情懷所折服，正是陳盛明先生對海疆學術資料館宗旨的堅持，才讓我們後來者看到這些寶貴的歷史文化資源。時隔數十年，欣逢盛世，陳盛明先生一生的心血得以深度開發，得以進一步服務社會、服務於國家，他老人家的在天之靈必感欣慰。

蔡一村